「結婚與否，都是成年人生活型態的選擇題，沒有對錯，適性就好。」

我不婚，然後呢？

黃越綏──著

Part 1

──新時代的不婚自由

Part 2

——不婚人生面面觀

Part 3

——不婚族的身後事

推薦序

給單身世代的豐富忠告

洪英花（法官）

幾天前收到黃老師的電話，黃老師要出書《我不婚，然後呢？》邀請我寫推薦序。一時之間，深感錯愕與榮幸，榮幸可幫我最敬愛的美女老師著作寫推薦，惶恐的是沒有寫推薦序的經驗，不知是否會壞了老師著作的暢銷，在卻之不恭、恭敬不如從命的情況下，欣然又榮耀的接受了。

十二年前我寫「扁案違反程序不正義」，老師秉持維護司法正義以及天生對人權、民主極度關注的精銳分析批判，在她的廣播節目論述了一整天，驚動不少友人轉述予我。因為這事，我跟黃老師在事後結緣了，她的樂天、充滿正義感、胸襟悲憫寬大，都令我及她身邊的友人極為敬佩。每次和黃老師聚會，老師自身散發的charisma（魅力），以及幽默樂觀的生活智慧，讓你或任何人跟她相處都覺如沐春風、時時充滿快樂氣場、開心得不得了。

在此順道分享一些我和黃老師相處的點滴。有次我帶某位檢察官和老師餐敘，那學弟辦案正直，處事卻不拘小節，在餐敘中一如以往、逕自低頭滑手機，黃老師即以嚴正口吻、求好心切的心情告誡他這屬不遜之行為，從此那學弟的不拘小節至少改了六成，內心對黃老師自是敬畏又感激。

本書──「黃越綏給單身世代的人生相談」，黃老師以她的人生歷練、超凡智慧、同理心，深入淺出的勾稽單身世代的「前世、今生、未來」，其中簡單的案例故事，有的內容令人震撼、扼腕──卻可從中增廣智慧、敬謹探視人性善惡之分界；有些故事則深具哲理、並告訴您「天無絕人之路」。

本書極為平實豐富，也許可讓單身世代的男女，更安於天命、隨緣自在、快樂享受單身人生。

推薦序

只要有愛，就是最好的安排

蘇家宏（恩典法律事務所所長）

最近幾年我在外演講，常常有聽眾在結束時問我：「蘇律師，我沒有結婚，我想知道之後該怎麼安排自己的財產……」、「蘇律師，我是一個媽媽，我兒子四十幾歲都沒有結婚，那我們家的事業以後要傳給誰……？」這些聽眾的煩惱在在都反映了台灣單身族群節節攀高的真實現象。

黃越綏老師與我是在節目錄影時相遇的，黃老師對於婚姻、愛情、人生的智慧，總會以真實又震撼的故事，讓人能輕易的瞭解其中的深意，我由衷的欽佩。當我收到黃老師的邀請，為她的新書撰寫專欄〈給單身者的遺產規劃建議〉。我就對這本書充滿好奇與期待。因為在市面上有許多寫給已婚人士的書，教大家怎麼經營婚姻，甚至是怎麼離婚，然而給單身者的好書卻是少之又少。我有幸在《我不婚，然後呢？：黃越綏給單身世代的人生相談》新作上市前搶先拜讀過，當我仔細爬梳書中的文字後，才驚覺過去社會上有許多對於單身族的想像與誤解，讓單身族不斷的被「汙名化」。其實在科技越來越進步的現在，單身對於現代人而言，儼然已是一種生活方式的「選擇」，而不再是該被極力改變或解決的現象。

這本書有非常多真實的故事，每段故事的血淚或幸福，催動著我內心深處的感動，會更加珍惜我自己的生活。尤其是有些故事的主角經歷感情的背叛、父母的壓力、有心人惡意的詐騙……的情節，我看到了每個人對感情都有所渴望，但需要有智慧的選擇；我看到了人生的壓力，但需要生命的厚度來支持；我看到了自己能力有限，但有愛與法律讓我們依靠。在字裡行間，我真實的感受到，黃老師希望藉著這本書，讓每個讀者的生命更加自在與美好。

在卸下律師身分下班回歸家庭後，我也是兩個兒子的爸爸，雖然我的兒子現在年紀還很小，才就讀小學三、四年級，但作為爸爸的我，當然也不免俗地對他們結婚、生子抱有很大的想像和憧憬，我承認自己也在心中嚮往子孫滿堂的幸福場景。然而在讀過這本書後，我特別喜歡黃老師在書中的一段話：「單身和不婚的現象是多種因素綜合作用的結果，而每個人的選擇更是獨一無二的。」我開始仔細思考，其實只要家人心中有「愛」，那麼將來不論兒子們有沒有選擇步入婚姻，我都能尊重他們的選擇，並堅信一切都是最好的安排。

不論你本身是單身者、已婚者或是你有親友單身，只要你是心中有愛的朋友，都很推薦你一起來讀《我不婚，然後呢？：黃越綏給單身世代的人生相談》，以這本書保護我們所愛的人，讓愛與溫暖傳遞在你我身邊，感恩黃越綏老師。

祝福這本書以及正在讀這本書的每個人。

自序

成就擁有自由靈魂的自己

從事近四十年家庭婚姻輔導的實務經驗中，不但見證了台灣家庭的演化趨勢與變化，也見證了二〇二五年，台灣正式進入超高齡化社會的指標。

由於觀察到越來越多的不婚及頂客族群，所面臨的困境與問題，因此希望透過此書中的實例，與大家分享。

二次大戰（一九三九—一九四五）後，世界開始進入全面性的經濟復甦與開發國家的發展，不但促進了社會文明的提升，同時也漸漸的影響亞洲國家，邁向自由民主化的進程。

儘管當時的台灣，在論及婚嫁方面，仍未超越父權下男尊女卑的形態，但年輕人已經為自己爭取自由戀愛的機會，並漸漸蔚為風潮。

在那個新舊交替的年代，男大當婚女大當嫁，不僅是成年人傳宗接代的孝道，更是對於社會責任的期待。

扮演男女主角的當事人，從開始安排相親、訂婚、到結婚的儀式，幾乎都是由雙方長輩一手包辦。在婚姻中的女性一旦不孕，往往除了被歧視外，更是促成了丈夫合理化娶妾的藉口。

至於不婚的女性，更無辜的成為夫家羞於啓齒的家門不幸，也是婆家最不受待見的包袱與累贅。而不婚的女兒，其身故後的牌位根本進不了家祠，這也是「姑娘廟」的由來。

最大的悲哀是，即使同為女性的母親或手足，但受限於大環境風氣，不但不一定會挺身捍衛，有時還會含沙射影、冷嘲熱諷。

而在婚姻中的嫂子或弟妹，也會視不婚的家姑如眼中釘，嘲諷或霸凌的事件時有所聞，不禁令人感慨，同為女性，相煎何太急？

迫於環境的無奈，不婚族的女性若不是在原生家庭忍辱虛度一生，就是被迫去官宦人家幫傭而終老他鄉，也有毅然決然出家歸依佛門，或選擇輕生的情形。

在那個封閉的時代裡，單身不婚的男性，也好不到那裡去。往往在社會普遍的刻板印象下，被貼標籤而成了無廟供奉的「羅漢腳」，或是沒有出息的怪物，甚至是心理有問題的變態者。

直到六〇年代後，歐美興起了女權主義的風潮，到了七〇年代，不但亞洲女權意識紛紛啓蒙，更催化了台灣女權運動的蓬勃發展。本人有幸積極的參與此過程，不但領教到漫長運動過程中的種種挫折，也分享到促進女性權益與立法保障的欣慰。

到了八〇年代，傳統刻板印象的婚姻開始式微，西方開放式的婚姻觀念興起，但離婚或不婚還是會領受到一些歧視的眼光。

直到九〇年代，在國際化與兩性平權的教育下，社會對單身及單親家庭的人權開始懂得給予尊重，且明文規定不得有不公平的待遇或歧視。

當邁入千禧年後，已經有愈來愈多的年輕人，為了成就自己，不再把婚姻擺在第一位，因此試婚性的同居型態，反而變成了具有時代性的流行。

既然結婚和不婚已經是選擇而非是非題，為什麼不婚族的現象，仍然會變成了社會各方關心的議題？

除了家的關懷與個人的意願外，我們人類居住的地球，正在面臨宇宙莫測且千變萬化的挑戰，例如，極端氣候的侵襲危機、破壞人類和平的烽火戰爭、少數的集團壟斷了全球經濟的貧富分配落差等。

加上人口構造在高齡與少子的加乘催化下，導致新新人類的獨生子女，雖然在其成長的過程中也已經習慣、並調適了如何與寂寞和孤獨共處的生活方式，卻仍然必須面臨高科技快速發展下，各種謀生空間的擠壓，因此看似擁有諸多長輩們的庇蔭，但終究還是形單影隻而會有缺乏安全感以及蒼涼的迷惘。

每個人都是世界上獨一無二的自己，幸福與否並不僅取決於有無婚姻狀態，何況婚姻並非萬靈丹。不論你選擇的是什麼方式的生活，都要學習好好的認識自己，愛自己並全面接受，也唯有如此才能夠成就擁有自由靈魂的自己。加油並祝福！

特別要感謝台灣商務印書館王春申董事長的親邀出書，且為增添此書可看性而寫序文的洪英花審判長，蘇家宏及李怡貞大律師。

前言

單身、不婚，人生從此一路綠燈？

——單身和不婚的現象是多種因素綜合作用的結果，而每個人的選擇更是獨一無二。

在我們的生活中，人人的身邊，隨時可以發現一些令人莞爾的現象。

每當一群未婚的成年人聚集在一起，在一陣天南地北的閒聊後，通常就會不由自主地感慨起，當今社會要尋找一個好的結婚對象，是多麼辛苦和艱難的大工程這類話題。要不就是其中有人開始訴說悔不當初、錯過姻緣的陳年往事，當然也會有人趁機為單身不婚主義大放厥辭的鼓吹。

而同樣的場景若換成一群已婚的人們，可能由於已為人夫人婦的身分和角色的改變，不好直言婚姻的對錯，只好轉移焦點，批評起政府和社會福利種種，頭頭是道，鏗鏘有力地給負面的情緒找到出口。

可是聊到了最後，仍然會老調重談地數落起另一半、對婚姻生活的不滿，且信誓旦旦的表示，若是上天願意給第二次的機會，他／她是不自由毋寧死，再也不會走進婚姻的殿堂。

這就是人性的常態和性格上的弱點，對於得不到的，永遠存有美好的憧憬與想像，永遠是嚮往的白月光。

當歷經千辛萬苦好不容易獲得了，反而把對方當成獵物，製成標本掛在牆上展示，從此逐漸冷落，既不稀奇也不珍惜。

婚姻到底是什麼？

我有一位四十餘歲忘年之交的朋友，當他知道我要寫一本關於不婚族的書時，他竟然提醒我說，單身和不婚的現象，現今已經不只是流行，還是種高冷的時尚。

我問他為什麼？他直白地說，其實目前多數還存在的婚姻，都是些靈魂空洞的怨偶們，否則離婚率不會這麼高。

只因為透過婚姻的結合，彼此有著太多人事物的糾葛與牽絆，包括捨不得的既得利益掛勾，又害怕失婚後的孤獨，更擔心老了沒伴可以彼此照顧。

他一直是單身，所以認為不婚族在心態上、對愛的認知上，要比已婚者更簡單和單純多了，倒是他自己承認，對於情傷的適應度可能會脆弱些。

他不否認在對於愛情及婚姻的冀望幻滅後，就立志強大自己，一定要學習如何獨立不婚地過好此生。他還用揶揄的口吻笑說，他要煉成金剛不壞之身，確保可以活到一〇一歲。

我反問他，希望活到這麼長壽，難道真的不怕孤單和寂寞嗎？真的從來沒有動過結婚生小孩的念頭嗎？確定能貫徹始終選擇不婚而孤老終生？

他不假思索地回說，人是感情的動物，而一生中只要能夠真正談過一次戀愛，也許結果未必盡如人意，但只要自己真正的領悟到，愛情到底是什麼樣的滋味，也就夠了。而且戀愛和婚姻可說是兩碼事，萬一找錯了結婚對象，除了會在覺悟中漸漸的失去靈魂的自由，還要賠上漫長的歲月與生命體的磨難，也罷！

其實，據我的了解，他是一位從他父母親不幸婚姻的經驗中，長年背負著痛苦的陰霾與記憶成長的孩子。這導致他欠缺自信，對親密人際關係的社交、婚姻與為人父親的角色，無形中衍生了巨大的恐懼和排斥。

其實單身和不婚現象的背後都有許多複雜的因素，並值得深思與探討。其中重要的一點是，隨著時代的不斷改變，婚姻制度已經從早年獨裁政治和封建社會的道德束縛，演變進展到今日的自由民主，現代化思想的開放與文化的多元化。

從前婚姻往往會被視為是人生一個必要或重要的里程碑，甚至透過聯姻來擴展及維繫社會的人際關係。尤其婚後生兒育女，彷彿是種傳宗接代的自然定律，不但雙方都可以延續與原生家庭的血源與親情關係，更是生產報國為社會貢獻了心力。

可是對時下的年輕人而言，即使他們已經擁有更開放的人生空間以及選擇婚姻的自由，但來自社會的道德壓力終究還是存在的，甚至認為「不婚」或「不生」，都是某種自私自利的行為。

除了個人的價值觀與意志外，大部分的人也都承認，婚姻需要緣分。「緣」就是對象與機會的出現，至於「分」則是機會的把握與成全。因此也不是想結婚就能夠結婚。

但婚姻不只是要對另一半負起法律上的責任與承諾，一旦生兒育女為人父母後，還要負起教養兒女的社會責任，這可是相當艱巨的大工程。

因此很多不婚族，若不是心態上還沒有準備好，就是害怕面對現實的生活考驗，以及扛不起這麼重的擔子與壓力。有許多人更願意用其他的形式，去探索自己的人際關係，希望即使選擇不結婚，也能夠讓自己得到更多生活上的滿足感。

相伴需要證書羈絆嗎？

我的一位姊妹淘，跟她的伴侶從年輕相識到今天，兩人都是單身，卻一直處於不結婚的同居狀態，時間已經超過了半世紀，兩人也從少年相守到白頭。

儘管周遭的親朋好友都紛紛力勸，但他們就是無動於衷，完全沒有辦理結婚手續的意願，對他們而言，時間就是檢驗愛情的最佳證明，不須靠一紙官方的結婚證書來保障，而這就是他們對真愛的信仰與詮釋。

加上隨著教育水平的普遍提升，每個人的個人自由意志和自主性都增強了，人們可能更傾向於追求事業、興趣和個人的成長，而不是婚姻和家庭生活的照顧與牽絆。

在少子化的世代，獨生子女的家庭居多，每個父母親無不把他們當心肝寶貝，加上還有爺爺奶奶和外公外婆等長輩的多方關照下，獨生子女可說是既得寵又被照顧得無微不至。而負責教養的父母親，更是天天小心翼翼，處於「握在手心怕捏死，放開手又怕它飛了」的焦慮中。

這結果，造成了獨生子女們對原生家庭或父母親產生過度依戀與依賴的情形，無法在生活中學習到真正的獨立和謙虛的自律，反而容易變得比較自大自我或冷漠，甚至一般的情商也顯得較為不成熟。

縱使他們在經濟背景上不成問題，且在家長的協助之下，好不容易完成了學校的學業，但一走出了社會，開始接受嚴峻的現實環境以及複雜人際關係的適應挑戰時，往往會因性格上的脆弱而禁不起考驗。

這也是為什麼會有越來越多的家長埋怨，已經是中年的子女，居然可以採取不婚也不工作的態度，並理直氣壯的當起啃老族、躺平族。

廿一世紀的科技突飛猛進，在快速進入了ＡＩ及元宇宙的虛擬世界裡，資訊爆炸與現實交錯的網絡世代，不僅讓個性內向或有社恐症的人找到了屬於自己的避風港；其實對於多數年輕人而言，高科技產品也是他們現實生活中的養分。

只要在電腦上用手指按按鍵，透過各種網路平台，迅即可以隨時打發寂寞的時間。值得去探索的網路宇宙秘境，實在是浩瀚無邊，在有限的生命中卻已經有着無限的誘惑，正等待著新世代的人們去挑戰和冒險。

尤其千禧年（公元二〇〇〇年）後出生的孩子，面對的是一個ＡＩ問世的高度競爭社會，卻又強調極端重視個人自由與自主的年代。因此，為人父母者也應覺悟，除了陪伴和聆聽外，對子女的生活教育以及家庭觀念上的影響力，已經越來越式微了。

除此以外，少子化及高齡化社會結構相乘下，最大的改變，就是年輕人不再會魯莽地選擇早婚。有主見的年輕人從學校畢業後出社會，通常都會先試試水溫，探究職場的環境，然後也許開始斜槓生活，最後再找份自己喜歡又安定的工作。等到了有穩定的經濟來源，最好是又有了積蓄後，才會開始認真的思考是否結婚的問題。

加上事業上的衝刺，都需經過長期的努力和考驗，因此不論男女，能夠達到這個標竿的適婚年齡，都已經到了卅五歲的邊界。

比較令人欣慰的是，這個世代的不婚族，有些人已經可以給自己的愛情觀，透過理性與務實的分析，並把性交、戀愛、婚姻的關聯性切割開來，理出自己喜歡的紋理。在這種潮流趨勢下，一旦早婚的話反而會被訕笑，質疑是不是「避孕知識太差」才會出現如此冏境。

總之，跟時下的年輕人談論婚姻，對他們而言，無疑是比較沉重又沒有太大意義的議題，而長輩們若不識趣的一再催婚的話，也只會換來自討沒趣的下場。

相對的，即使大齡單身族們的內心不是真的不婚，但也會因各種因素而拖延時間，通常不是採取迂迴策略，就是用逃避的方式，來應對長輩們的催婚。

經濟是婚姻的絆腳石？

曾經有一對父母，兒子失戀後走不出痛苦的陰影，進而進入不婚、啃老的生活模式，令他們相當的苦惱。

兒子已經讀到碩士，寧可每月補貼長輩的房租，也不願意搬出去住，更遑論重新談戀愛或接受相親這些事。

但兒子每天從工作職場回到家裡，除了漫不經心的跟他們兩老打個招呼外，連吃飯時也不斷地在滑手機。飯後便閃進房內，關上門，開始坐在電腦前面。有時情緒不佳，還會在門把上掛著「請勿打擾」的牌子，氣得年長的父母親不知如何是好。

最荒謬的是，兒子曾用嚴肅的口吻警告他們說：「我是你們唯一的兒子，我已經成年了，有自己想過的生活方式，你們最好尊重我，不要再管我。否則你們若真的趕我出去的話，請問將來有誰會來替你們送終？」

「再說將來等你們真的老了走了，房子還不是得留給我嗎？而我現在已經有了安身之處，你們還有什麼好擔心的？又何必一定要逼我結婚呢？」

「目前的離婚率這麼高，萬一將來離婚的話，到時候我的房子恐怕還得分給她一半，那才真的是人財兩失，你們樂意嗎？」

幸福不是取決於婚姻狀態

過去在重男輕女的社會，女性在職場總是受到貶抑和歧視，即使能力再好，也還是會受到同工不同酬的待遇、升職的玻璃天花板，甚至還有不少職場性騷擾的霸凌事件頻傳。

事實上，不少長輩至今還存著傳統女子無才便是德的遺毒，依舊會積極的安排或催促女兒的婚事，並堅信「女人沒有婚姻就沒有幸福可言」的謬論。也有不少的女性，還真的會選擇依賴婚姻，並從中獲取經濟上的支持。

但如今絕大多數的女性，隨著經濟的發展和女人在職場上地位的提高，同時也有了更多的自主權及獨立性，許多人不但懂得理財投資，更懂得享受生活。

雖說錢不是萬能，但沒有錢卻是萬萬不能，這也是讓年輕一輩的女性，會在找不到理想的結婚對象時，寧缺勿濫的選擇不婚，反過來更愛自己的原因之一。

有一位和我年齡相仿的大學同學，就是終身不婚族的表率。她從年輕時就很懂得規劃自己的人生藍圖，至今周遊列國，已經超過六十幾個國家。

在十幾年前我們曾經有過這樣的對話，我告訴她，我真的很羨慕她的抉擇，可以活得如此這般的瀟灑，既沒有太多人情世故的包袱，又有經濟能力，可以隨時自由地拿起行囊說走就走。

她卻長吁了一口氣，「雖然妳一生都當個為人點燈的人，但妳的子女長大後他們也會回饋點亮妳。不像我，表面看似風光，走遍天下的山川美景，但還是必須一個人摸黑回家，永遠看不到前方有一盞為我點亮的燈。」

雖然我強調，她自己就是一盞隨時可以自動發光的燈；但她苦笑地告訴我，同樣是燈，但亮光和溫度不一樣。

其實我真想告訴她，單親的我，好不容易把三個子女拉拔長大，且都已經成家立業，但他們都不在我的身邊，所以卅多年來，我一直都是為自己開燈的獨居者。

最後我問她，後悔不婚的選擇嗎？她還是搖搖頭，給了我一個非常肯定的笑容。

整體來說，單身和不婚的現象是多種因素綜合作用的結果，世上每個人都是獨立的個體，每個人的背景和情況也都不一樣，而每個人的選擇更是獨一無二的。

不論結婚的快樂指數或是單身的快樂指數，都是個人主觀的感受，如人飲水只有自己最清楚了。

既然時代已經不同了，因此幸福與否應該不是取決於是否擁有婚姻的狀態，反而是在於個人對自己生活的滿足度和自我實現上。

Part 1

新時代的不婚自由

不婚族的自我糾結

——世上有兩樣不能直視的東西，一是太陽，而另一個則是人心。

自我懷疑，恐怕是不婚族在面對因為不婚所帶來的各種困境和挑戰時，自我糾結的獨白之一吧！

至於人為什麼會有自我懷疑的感覺，大部分的因素都是來自於受外界的關注與影響。

就像古代曾參殺人的故事。

《戰國策》中記載，曾參在費地時，有一個與他同名同姓的人殺了人，誤傳為曾參殺人。當第一個人來跟他母親說的時候，他母親根本不相信，自己的兒子怎麼可能會殺人？

到了第二個人再來跟她說，她的兒子真的殺了人時，他母親開始有點疑惑，而內心產生了不安。

等到了第三、四個人繼續來跟她講的時候，他的母親再也按捺不住了，不得不開始相信，並思忖或許真的有此事發生，因此非去看個究竟不可。

為什麼中國一代名伶阮玲玉，會在自殺前留下一句「人言可畏」。

可見謠言是多麼的可怕，也才會有「謠言止於智者」的相對警語。

傳統社會由於科技不發達，只能利用人云亦云的方式口耳相傳。但在二十一世紀的今天，網絡的世界幾乎無遠弗屆，且不論謠言與否，傳播速度之快，出乎意料之外。

因此要面對這種新科技所帶來的各種挑戰，除了謹言慎行外，更要訓練自己有再次確認事實、明辨是非的能力，以及冷靜、理性、客觀的邏輯思考模式。

尤其人是社會的動物，姑且不論你的個性是外向還是內向，也不管你的身分階級，或是結婚與否；總之除非是躲在森林或流放孤島，否則只要是人，都脫離不了與人互動的關係，以及交流的機會。

如今我們都是國際化地球村裡的一份子，尤其在文明的社會裡，每個人都是獨立自由的個體，都應該受到公平的對待與尊重。

除非因為某些原因而妄自菲薄，否則根本不需要去懷疑自己存在的價值，更不應該把別人對你的質疑，當作責任來扛。

我常開玩笑說，世上有兩樣不能直視的東西，一是太陽，而另一個則是人心。

西方有句諺語說，「最好的廚師也燒不出令每個顧客都滿意的菜餚」，同樣的，跟我們從小就讀過的「父子騎驢」的故事一樣。為了提升個人的進步與成長，當然要有學會聆聽與學習的謙虛態度，但同時也應該本著客觀與理性的原則，平常心看待。否則你整天都活在別人的關注與批評中，無形中，你的頭腦不但變成別人的思想運動場，甚至也會慢慢地失去自我。

案例：一場騙局，她重新找回自信

百合（化名），今年四十五歲，在一家私人企業擔任人事部經理。

她為人正直且工作態度認真，也許因為個性比較內向，加上工作內容的關係，讓她給人的印象，是比較嚴肅和不容易親近。

年輕的時候曾經有一段戀情，但分手後就一直保持著不婚的態度，直到她前幾年，偶然發現自己得了乳癌，但幸虧發現得早，所以很快就治癒了。

也許因為這次生病的過程，讓她特別的感到孤單無助，因此當她病癒後，就開始傳出她有意找結婚對象的訊息。

人心難測。在同事間，為她開心並熱心安排相親及撮合對象的人有之，但大部分的人都還是用著質疑或等著看笑話的心情看待。

尤其當百合透過網路找到一位姐弟戀的對象後，有關於她戀情的進展，反而變成了辦公室茶餘飯後的連續劇。

以前不苟言笑的百合，開始臉上有了燦爛且如少女般帶著羞澀的笑容，雖然沒有公開，但也會跟一兩個比較有私交的女同事們，竊竊私語地分享她的戀愛心得。

這種美好的情景大概維持了半年左右，有一天突然接到人事部的通告，百合已經辭職了。

起先大家都認為，她終於找到真愛，要結婚了，但難道是要相偕出國或移民，否則為什麼要倉促的離職？

後來終於從她的閨蜜口中，得知令人相當難以置信的內幕。

原來透過網路平台，來跟她搞姐弟戀的對象，竟是公司的一位女同事。

這位女同事曾經因為人事糾紛而與百合有過節，於是就刻意安排她的男性朋友，出來扮演追求者。她想等到百合上鉤後再看她出糗，變成全公司的大笑話，她也就達到個人報復的目的。

可是，扮演追求者的男人，不想再傷害百合，而在告訴她真相的同時也提出分手。

突兀的表白以及夢碎一地的百合，完全不敢相信這是事實，她哭泣著反追問對方。

難道過了中年的不婚女人，就沒有改變方向或追求愛情和婚姻的權利嗎？還是我已經完全沒有價值了？

這位扮演追求者的男性，用很誠懇的語氣告訴百合，就是因為妳在我的眼中是很有價值，很值得受人尊敬的女性，只是可惜不是我的菜。參與這個惡作劇，對我來說，一開始是覺得很好玩，但後來我就覺得自己是一個齷齪的人，由於我不想讓這段不倫的情感繼續傷害妳，所以才要提前中止關係。

他分手前，還語重心長地祝福百合，一定要對自己有信心，也一定會找到真愛和對的人。

善良的百合深受打擊，雖然最終還是選擇原諒，基於自尊心受損，也不想變成辦公室的笑柄，所以只好遞出辭呈。

終究紙包不住火，最後這件荒唐的事還是傳到企業高層。經理馬上做出明確的懲處，把那位耍心機的不道德女員工直接革職，同時徵求百合的意願，讓她休假一段時間，心情平復後再回來上班。

案例：家庭重擔，不能阻擋追求幸福的步伐

阿文（化名）五十二歲，家中的大姐和兩個妹妹都已經分別結婚成家，甚至子孫滿堂。

但由於父親去逝前特別交代他，無論如何都要照顧好失智患者的母親。導致他每一任的女朋友，都因為不想給自己攬下這個爛攤子，而選擇分手。

他是家裡唯一的男孩子，從小母親就對他特別的疼愛，甚至引來姐妹們的不滿，認為母親重男輕女，對他特別的偏心。

可是很不幸的是，現在的母親是一名失智患者，連他都不認得了，更別說可以彼此依賴。

當年他辭去大都會的高薪工作，返回故鄉重拾父親務農的工作，主要的原因，就是為了全心投入照顧母親。

母親失智的症狀相當不樂觀，照顧起來也格外地辛苦，只要稍不注

意，就容易走失或發生意外。早期也曾經雇用外勞看護，但由於沒有家人在旁看管，導致母親的病情反而愈趨嚴重。

如今有他陪伴母親，照理說他可以重新申請外勞看護來協助照顧了，但好心的鄰居提醒他，他是名未婚的單身漢，如果雇用的女性外勞，哪天對他不滿而反咬一口，誣賴他有性騷擾的話，豈不自找麻煩？於是，他只好自己寸步不離地陪伴母親。

所有的親朋好友及街坊鄰居，看到他無不馬上豎起大拇指，直誇他是現代難得的孝子。但正值壯年的他，身體健康，而且對成家和傳宗接代的夢想，還是存在的，所以儘管外界給他再多稱讚和認同，也無法彌補他內心世界和午夜夢迴時的孤單與寂寞。

倒是這個案例有個不錯的結局，當阿文在向官方申請照顧母親的外籍看護的同時，他的姊妹為他介紹了一位帶著八歲女兒的單親媽媽。

雙方幾乎是一見鍾情，當下便成良緣。而且八歲的女兒在第二次見面時，竟主動問他，可否當她的爸爸？

在寫此篇文章的當下，阿文早已共組了家庭，並生下一個兒子。

切記，當你笑的時候世界跟你一起笑，但當你哭的時候，卻只有你自己一人躲在牆角啜泣。所以不要讓環境影響了你的信心，反而要勇敢的去創造新環境。

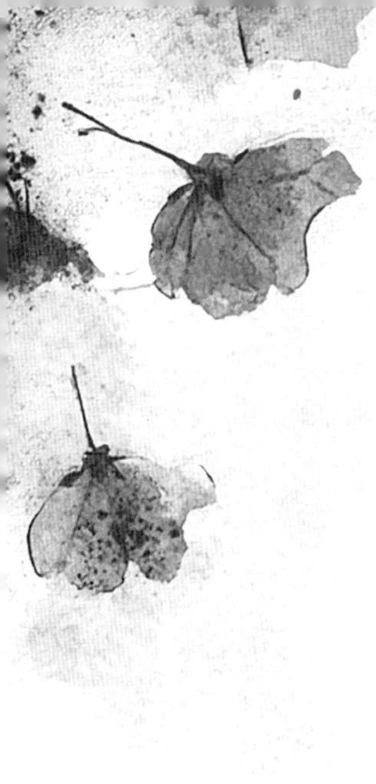

我不想被外在的期待捆綁

——如果要擺脫外在期待的捆綁，首先要確定自己的價值觀和目標是什麼？

「晚婚」已經是越來越普遍的現象，而「不婚」更不會是一種罪過。只是在一般人的心目中，依舊存有「男大當婚、女大當嫁」的普世價值。

而為人父母者，年紀愈大愈擔心害怕，自己不婚的子女將來是否會孤苦無依，尤其是獨生子女的父母親們，表面上看似無所謂，其實是憂心忡忡與焦慮的。

我有個案例，其背景是一對企業家夫妻。他們的事業相當成功，社經地位也受到敬重。其獨生女兒不但長得面容姣好，學經歷也很出色。但唯一美中不足的是，他們給適婚年齡的寶貝女兒介紹了許多優秀的青年才俊，女兒都很聽話的接受安排一一去相親，但從來沒有一次有下文。

直到二〇一九年，同性戀者可以在台灣合法結婚的法律通過後的某一天，女兒居然帶回一位她長期的閨蜜，並告訴他們，她今後要結婚的對象就是她，希望能夠獲得雙親的祝福。

這個晴天霹靂的消息，幾乎當下急白了兩夫妻的三千髮絲。母親當場掩面痛哭，父親則怒氣沖沖地拂袖而去。儘管母親以死相逼，父親宣告將斷絕一切的經濟支援，但雙方在長期的冷戰中依舊互不讓步。

我勸導這一對夫妻，父母親生得了兒身但終究管不了兒心，何況為人父母者，不就是希望子女能夠幸福嗎？又有誰能夠保證，異性戀結婚就一定能夠白首偕老呢？父母親對子女的愛是一輩子的牽掛，跟他們與誰結婚，其實是沒有太大的關係。你們不但沒有失去女兒，反而多增添了一個女兒。而且女兒總是比較貼心，因此絕不是壞事。

面對多元化的社會，價值觀是要與時俱進的，至於面子的問題，誰在乎誰就得多負些責任。果然父母難為呀，經過一而再、再而三的苦勸和分析，最後這一對夫妻，還是在愛女心切的前提下，勉為其難地選擇了妥協。但條件就是不會為她們辦公開的婚禮，而且希望她倆辦理結婚登記後將來移民出國。從此以後對於親朋好友的提親事宜，夫妻統一口徑，就以尊重女兒是個不婚族為由，一概謝絕了。

除非當事人已經確認，自己就是下定決心此生不婚，否則一向關心單身、不婚族的親朋好友，多數還是會用比較好奇的眼光，來檢視或挖掘其背後的真相。

而這也是絕大多數單身或不婚族，日常生活中經常面臨的窘境與困惑，尤其是逢年過節的時候。

尤其只要在一句，「我所說或所做的這一切都是為你好」的情勒前提下，喜歡探人隱私，或越界關懷，甚至無端干預他人的婚姻狀態，已經變成一種來自親情或友情之間的不成文但被合理化的行動。

事實上，以歐美先進國家為例，他們社交關係的文明度已經發展到非常尊重個人隱私的程度。除非當事人願意主動跟你分享，否則即使你們的交情已經到了無話不談的地步，也不會主動或隨便開口去詢問別人有關年齡、婚姻狀況、還有薪資等的隱私問題。

偏偏以上這幾點又是長輩們最喜歡的見面禮。於是在面對單身或不婚族時，常常會主動熱心的要給對方介紹相親的對象，並趁機大剌剌做起身家調查：幾歲啦？結婚了沒？在哪裡工作？一個月能夠賺多少？

我曾問歐美的朋友，當你們面對這類私人問題時，通常會採取什麼樣的回應？某位朋友說，如果是他的話可能會採取兩種方式，一是委婉的當作沒有聽見而轉移話題，要不就是直接問對方，請問你問這個問題是要做什麼？因為對他而言，他是既沒有義務也沒有必要提供任何訊息的。

日本人的邊界感

曾經有一位朋友跟我分享說，他覺得日本人很虛偽，與他們交往太辛苦了。因為實在分不清楚，他們的冷漠中到底帶有多少熱情，而他們多禮的微笑中又具備多少真誠。

他舉例說，在一次公開的聚會場所，他和一位同業的日本人交談甚歡，並相互交換了名片。為了表達自己的誠意，也希望今後能夠更增進彼此的友誼，因此他回台灣後，馬上送 Line 問候對方。

若以台灣人的熱情待客之道，應該會馬上就收到對方的回訊，但他足足等待了兩天就是見不到對方的回應，於是他又再Line給對方，上面寫著：請問你是否收到我的Line？現在可以回答我嗎？可是從此他再也沒有得到任何的回應。

他十分生氣地繼續埋怨說，不是說日本人是世界上最重視禮貌的人嗎？怎麼可以這麼冷漠呢？

我笑著告訴他，這是你的錯，因為你只是一味站在自己主觀的立場，沒有真正學到入鄉隨俗的關鍵。

事實上日本人使用交友軟體的習慣，只有針對關係重要，或親密的親朋好友才會使用Line，而他們多數人甚至不知道如何使用語音留言，以至於一般初見面或公務往來的社交朋友，通常就是用email交流與聯絡。

而且日本人的行事風格，一向就比較保守、慎重，除非是至關重要或有必要性的事務，否則即使收到別人的訊息，也沒有馬上就回應的作風。

對於做事積極的台灣人來說，無疑會有急驚風遇到慢郎中的尷尬與無奈。

近代的日本，其社交人際關係的邊界感更是越發明顯，而社會普遍形成的共識就是「我不想麻煩別人，但也不希望別人來麻煩我」。包括父母兄弟姐妹及親朋好友之間的互動交流模式也一樣，可說是一種集體意識下，共同形成的自愛與自律的日本文化，一種群體共同遵守的默契。

有一位移民到日本的粉絲，曾跟我分享她個人的生活經驗。初到日本時，她利用空閒時，在後院菜圃種了不少的茄子和櫛瓜。每到收成的時候，她都會發揮台灣人敦親睦鄰和慷慨分享的精神，將收成的蔬果分送左鄰右舍，但幾乎經常都被禮貌性的婉拒了。

一開始，她認為日本人就是太客氣了，所以才不好意思收下禮物，於是她採取兩種方式；一是直接地硬塞給對方，二是把東西放在鄰居的門口後就匆匆離去。

即使她是如此的熱情與堅持，可是令她十分不理解的是，她發現左鄰右舍的日本太太們，也都有在她們的院子裡種菜或種花，但就是從來不會回饋給她，難道一向重視禮數的她們，已經沒有禮尚往來的習慣了嗎？

直到有一天，她長住北海道的親戚來訪，無意間聊起這件事後，她才恍然大悟，原來國與國之間的文化衝擊，竟然有這麼大的隔閡。

親戚直白地告訴她，除非是初次認識拜會，或彼此的關係已經很熟了，否則只是鄰居的關係，在沒有先徵詢過對方的同意下，就任意送東西給人家，在日本，會是件既唐突又沒有禮貌的事情。而若對方沒有進一步與你互動，就是明示加暗示了。

「何況妳的熱誠也只會給對方添麻煩，因為妳送的東西，首先並不確定是不是鄰居喜歡或需要的，甚至容易產生因為吃不完才送給他們的誤解。」親戚說。

因此對於不願意直接拒絕，但也不願意浪費食物，卻又不擅於處理意外的日本人而言，妳的善意反而帶給了他們不必要的困擾與麻煩。因此他們只能藉由不回禮的實際行動，向妳表達他們社交的邊界感。

我為什麼會舉這些例子呢？因為「台灣最美麗的風景就是人」，既善良純樸又熱情，但有時過分的熱情，也會讓人誤解其動機的不單純。

以常態而言，有過婚姻經驗的人，也許由於生活的歷練較多，而接觸的人際關係範圍也比較大，因此在社交關係的互動上，也許彈性和包容性也會比較寬大。但對於單身的不婚族而言，他們長期處在自我獨立的狀態下，因此即使是性格外向而喜歡交際的人，但終究對於個人隱私的邊界感，還是會比婚姻中的人更敏感與重視。

因此學習如何真正的尊重他人的隱私，既是現代社交的必要禮儀，同時也是保護自己的安全網。

至於為何會有越來越多的人恐懼踏入婚姻？如果你有機會到街頭人群中去做街訪的話，我相信你得到的答案，不但是因人而異，且各種五花八門的理由都有。

真正說穿了，也不過就是「還沒有找到真正喜歡彼此」的對象，要不然就是曾經錯失了結婚的良機，或是真的根本就不想要婚姻生活。

的確有不少的不婚族，他們的理由是嚮往自由，卻不希望被婚姻所束縛。事實上，也看過不少的案例，的確在年輕的時候，為了事業的打拼南奔北闖，幾乎是馬不停蹄的，只為一個目標——成為成功人士。可是好不容易拼到事業成功又富裕了，突然間才發現，自己在別人的眼中已經是中年大叔或阿姨。

傳統社會流行一句，「男人的青春在口袋，女人的青春在眼袋」。儘管社會對男人的年齡比女性更有優惠，但對於一生都被外在期待所捆綁的男人而言，也不得不喟嘆時不我予。而對於未婚的大齡女性，則像「剩女」、「敗犬」等嘲諷的形容字眼，在網路上則是一個比一個狠啊。

案例：為家庭不婚的老闆，臨老人財兩失

我曾經認識一個案主，是名白手起家的中小型企業主。他主張獨身

主義的理由，是為了孝順父母及願意不餘遺力的栽培弟妹們。

可是隨著事業有成年齡漸長，在目睹同輩的手足及朋友們，個個都成家立業外，就連兒女們也都一一讀到高中或進入大學時，不免悵然若失。雖然他仍抱定獨身主義，但隨著進入中年，尤其父母親分別去世後，他忽然間在如釋重負的情況下，有了另一番的感悟。

儘管住的是豪宅，出入開名車，但白天忙碌後回到家裡，少了父親的乾咳、母親的嘮叨，他總有股莫名的失落感由心底升起，特別的傷感和空虛。

以他的身分和財力，只要他願意，隨時都可以找到年輕貌美的女子陪伴，但還是覺得心裡不踏實。貧困出身的他一直懷有潛在的自卑感，直到事業成功了才肯定自己；但等到美夢成真以後，他卻又開始對愛情的真實性產生懷疑，並認為會愛上他的女人動機都不單純。也因為長期陷入這種缺乏自信的迷惘中，而錯過了無數次的愛情。

這樣聰明一世糊塗一時的他，不料竟在五十八歲那年，栽在被人設下的仙人跳陷阱中，造成人財兩失還中風不起的悲劇。

案例：為家庭不婚的主管，得到家族愛戴

另一位女性，淑女（化名）是一家進出口公司的中級主管，再過幾年就到了退休年齡。

她來自一個務農的家庭，父親不幸在她讀國中的時候就因肝病去世，留下母親和他們五個嗷嗷待哺的兄弟姊妹。

除了上面正讀高中的哥哥外，她是家裡的長女，因此她國中畢業後，就主動跟母親說，她願意放棄求學去賺錢來幫忙養家。她建議讓大哥完成高中的學業，也可以在身邊照顧母親和弟妹們。

而剛好她的同學要到北部的電子工廠當女工，廠方有提供宿舍也有供應伙食，這樣一來她就可以將每個月省下的工資，寄回來貼補家用，並供弟妹們上學。

春來秋去歲月如梭，一晃就是四十年，而淑女從青春少女變成了有魚尾紋的大嬸。由於她工作認真，待人親切，加上積極向上和樂觀的態度，使得公司破例不在乎她的學歷而擢升為幹部。

在她個人的犧牲下，全力地扶持大哥和三個弟妹一一完成大學學業，且均已成家立業。對於自己一生被親情捆綁，又犧牲的青春與婚姻的幸福，她又是如何感想呢？

她語重心長地說，「只要你不願意或不樂意，是沒有人能夠捆綁你的。」

所謂船過水無痕，有人替淑女擔憂，兄弟姐妹們都有自己婚姻家庭生活了，唯有她是孤單一個人，難道不害怕將來老了病了，沒有親人會為妳伸出援手嗎？

沒想到淑女呵呵的開心笑道：「也許是我比較幸運吧！大哥和弟妹們都知恩圖報，每年過年的除夕大家都齊聚一堂等我回去，如果我沒上桌喊開動，全家大小幾十個人，居然都沒有人會動筷子呢。」

淑女的犧牲與付出，能夠得到兄弟姐妹們的感恩與回饋，可說是真的很幸運。

我輔導過好幾個終身不婚，為原生家庭犧牲了個人幸福及權益的個案，不但親情方面沒有被感恩，到頭來還遭受到忘恩負義的嫌棄與糟蹋。

因此良性的建議，即使出於孝順或大愛的前提，儘量只要做出自己能力範圍內的奉獻即可。因為這有時不是值不值得付出的問題，而是「人各有天命」。千萬不要因一時的情勒或威脅，而衝動做出全面性的犧牲；否則當你受到嚴重的傷害及反噬時，你會因真心換絕情而懊惱，屆時不但找不到可以為你伸張正義的親人，還只能默默的吞下委曲，獨自為自己療傷。

紛紛擾擾，堅守自我最自在

——唯有彼此在生活中都能夠找到平衡點，才能在長久並穩定的婚姻中感到快樂與滿足。

如果要擺脫外在期待的捆綁，首先要確定自己的價值觀和目標是什麼，而且要能夠坦誠的溝通並表達出自己真正的觀點，堅定的守護著自己的生活選擇，不受到他人的影響。

再來就是要避免將自己和他人做攀比，既沒有必要追求別人所期待的生活方式，當然也就要學會更珍惜自己所擁有的一切。

如果你仍然掙脫不出這種捆綁的困境時，必要的時候不妨找專業的諮詢師或支持的群體，這樣可以讓你感到支持的溫暖，而不是單打獨鬥。

為什麼有很多的不婚族，一想到婚姻，就只想躺下？這裡指的並非躺下來做愛，而是一想到經營婚姻的複雜性與困難度，人就沒勁了！

在離婚率高漲的時下，許多不婚族都是目睹了周邊親朋好友不幸的婚姻，而產生了恐婚後遺症。現代婚姻幾乎都是自由戀愛下的成果，可是真正能夠白首偕老的又有幾人？

案例1：家庭的不幸福，讓他對婚姻絕望

小唐（化名）是位體格出色的健身教練，個性也好。健身房裡不少的女會員，都是衝著他帥氣的外表和溫和的性格而來的，甚至還有豪門的媳婦主動問他，願不願意當她的地下情人。可是小唐都無動於衷，即使也有人開他玩笑，認為他對婚姻冷感，真相可能是不願意出櫃的同性戀者。

總之，不論外界對他有什麼看法，他看似毫不在乎，但事實上他很渴望自己有個甜蜜的家庭。

小唐來自一個父母離異的家庭，母親早早就拋棄他們不知去向，而父親又早逝。

他和姊姊從小相依為命，成長過程中飽受了艱辛的煎熬，成年後，為姊姊終於找到真愛而欣慰，以為她一旦結婚後，從此可以脫離苦海，過著幸福美滿的生活。

事實不然，在姊姊生下第二胎後，姐夫不但明目張膽的有了外遇，每回姊姊與姊夫爭執或抗議的結果，通常只換來暴力相向。後來若不是他總能即時出面嚇阻，情況一定更加不堪設想。

但即使他是個健身教練，擁有一身的好功夫，但也只能偶而派上用場來保護姊姊一時的人身安全，卻無力保證她婚姻的關係和諧。果然最後姊姊還是走上了離婚的悲劇，而從此他就成了姊姊和外甥們，精神和經濟方面的最大支柱。

一再重複發生在親人身上的實例，讓他徹底的絕望與崩潰，到底愛情終究只是神話，而他對婚姻的期待，更是直接由天堂掉到地獄。

案例2：另一半的家庭，是她巨大的坑

美英（化名）在職場上認識的一位情投意合的男朋友，經過了兩年的戀愛，終於和男方的家長見面。

她雖然年屆三十八歲，但看起來特別的年輕。可是未來的婆婆就是抹煞了這個事實，動不動就嫌她年齡比兒子大，要不然就是要求她，必須先經過醫生診斷並保證她有生育能力才能結婚。

為了和自己所愛的人長相廝守，對婆婆的無理取鬧，她都可以採取包容和配合的態度。但漸漸地，放棄這段姻緣的念頭油然而生，除了未來的婆婆控制欲和嫉妒心太強外，身為獨生子的男友雖然不是個媽寶，但遇到困難，也不曾為她挺身而出或有其他的積極作為。

壓倒駱駝的最後一根稻草終究發生了。有次他們一起出去旅遊，在餐廳吃飯的時候，男友孝順的為他的母親夾菜，她見狀也連忙替他父親夾菜。

而這位未來的公公，很自然地攬著她的肩膀，開心的稱讚她非常懂事，順便開玩笑的說：「可惜我沒有女兒，但你們結了婚後，你就可以變成我的小棉襖了」。

沒想到未來婆婆聽到此話，臉色迅即大變，從此全程不再開口搭腔。

事後不到一星期，某日男友的母親請她私下喝咖啡。

準婆婆皮笑肉不笑地跟她打招呼後，一臉嚴肅的告訴她，其丈夫一生風流成性，她大半輩子都在為他那些狗皮倒灶的風流韻事擦屁股。因此她實在很擔心，將來媳婦娶進門後，不知道會不會鬧出亂倫的事情來？

準婆婆這般胡思亂想也就罷了，但當她跟男友提起此事時，對方竟然用蔑視的口吻說，妳不要主動去勾引他就好啦。

一語驚醒夢中人，她徹底的被震撼到，這是一個多麼變態的家庭呀。

幸虧自己發現得早，沒有深陷進去，否則這段婚姻也是注定會失敗的。

雖然至今他倆還繼續維持著朋友的關係，但美英就是不再和男方家人有任何的交集或互動了。從此更堅定地當個不婚族，因為經營婚姻複雜的人際關係，實在是超乎她的想像與能力範圍。

當然也有人安慰她，這只不過是個特例罷了，毋須一朝被蛇咬十年怕井繩，但她搖頭說，婚姻是換湯不換藥的處方，而且通常只能治標不能治本。

的確，經營一段婚姻，是需要付出相當的努力和禁得起時間考驗的。

在愛情的天平上，誰在乎誰就要多付出，因此才會有「愛人比被愛辛苦」的說法。只要心甘情願就能樂在其中。但在婚姻的經營過程中，不是只有一個「愛」字就可以籠統地概括承受的，而是需要每對夫妻，在重重的壓力和挑戰下，如何能愈來愈增進彼此的了解和信任。

除了學會接受對方的不足，尋找彼此之間的共同點和相處之道外，更不要忽略了自己內心的真正需要，和爭取擁有個人的自由空間。

唯有彼此在生活中都能夠找到平衡點，才能在長久並穩定的婚姻中感到快樂與滿足。

我有承諾恐懼症

——如果你感到不舒服或還沒有準備好，不妨先逐步的面對你的恐懼，同時找到自己的節奏。

承諾恐懼症（commitment phobia），通常表現為對於承諾和長期關係感到不安或恐懼的現象，有可能是過去的經歷，或對未來的不確定性所引起的。

如果你有承諾恐懼症，那麼就有可能會對你的婚姻和長期關係產生影響。即使你是位堅定的不婚者，但並不表示你不需要有常態的人際關係與正常性的交流，因此不能忽視它給你生活帶來的痛苦與影響。

不妨多花一些時間，去認真的思考和追溯，你對承諾的恐懼是如何形成的，以及它是如何影響到你的生活和關係。

由於承諾恐懼症是可以治療和管理的，為了不讓它阻礙了你的幸福，你必須勇敢地面對並克服。

案例：口吃障礙，人生柳暗花明

在我從事諮商工作的生涯裡，唯一遇到的一位承諾恐懼症的患者，竟然是發生在我的一位同學湯姆（化名）身上。他是我每年利用暑期，到美國修心理學分課時的同學。

當時在我的認知中，完全不知道有「承諾恐懼症」的存在，而是他在跟大家分享原生家庭的成長歷程中，坦承他也是意外的被醫師診斷出此症狀的。

後來他是透過心理諮商師的治療，並協助他從原生家庭開始，去探索其恐懼的來源。

他說，他從小就患有口吃的毛病，因此總是被其他的兄弟姐妹，拿來當取笑的對象。而父母親在阻止無效的情況下，不是忽略了他需要的幫助，甚至有時候也會跟著其他人起鬨。

為了害怕說話引起別人的訕笑和糟蹋，因此他只能用沉默的微笑來取代言語溝通。

越是緊張害怕，說起話來就越不順口，而在氣不順則話難全的情況下，更容易惹來大家的不耐煩。

有次在學校上課時，老師叫他起來回答問題。他在校成績不錯，當然知道答案，可是在口吃毛病發作的當下，即使他已使出了吃奶的力氣且漲紅了臉，卻還是說不出完整的句子。而當他急得跺腳時，還引來全班的哄堂大笑。新來的老師，並不瞭解他的狀況，還以為他是故意在搗蛋，於是當場喝斥並叫他閉嘴。

由於父母親認為，他只是在語言方面發展的程度比較慢，因此不太在意，更不認為有找專業醫生診斷的必要。由於在家裡和學校，他一直都沒有得到及時與適度的幫助，於是就讓這種生理障礙所造成的心理恐懼症狀，帶給了他長期身心靈的創傷與壓力，甚至已經影響到他與人建立親密關係的信心與安全感。

他一直對自己的未來充滿了不確定性，而且也盡量避免與人溝通，或發展長期的人際關係。

由於自卑感的打擊和欠缺信心，讓長相出眾且才華洋溢的他，除了表面經常保持的微笑外，只能躲在人後傷心，被無奈的孤獨與寂寞啃噬。

直到他出了社會，在職場上認識了他現在的妻子。對方不但沒有歧視他，反而完全用愛包容，總是營造放鬆的氛圍，讓他可以慢慢地練習與交談；更不因為他說話的速度太慢而打斷他，總是非常有耐心地給予他鼓勵，給他力量。

經過三年的努力，當故事講到這裡時，湯姆興奮中帶有驕傲的告訴我們，就在他妻子的花店開幕的那一天，他居然可以非常流利的上台致詞，讓過去一直只會嘲笑和捉弄他的親朋好友們驚訝不已。

寫到這裡，突然讓我想起來一部很有名的英國電影名叫《王者之聲：宣戰時刻》（*The King's Speech*），片中的男主角是約克公爵喬治（後來的英王喬治六世），儘管位高權重，卻也是為語言障礙而煩惱。

保持自己的節奏

有承諾恐懼症的人，最好不要急於進入一段關係或做出承諾，如果你感到不舒服或還沒有準備好，不妨先逐步的面對你的恐懼，同時找到自己的節奏。

這可能包括了，在與他人建立親密關係的緩慢過程，以及在進入承諾之前確保你感到的安全，以及準備好了。

而學會放鬆和接受不確定性，這對於承諾恐懼症者而言，是一個很重要的步驟，意味著你可以享受當下，而不是過於擔心未來。

若能夠與你的伴侶或潛在的伴侶，坦承並溝通你的恐懼和擔憂，會有益於建立健康的關係。

對於一個理解和支持你的人，相信也是能夠與你一起應對這些挑戰的人，愛的力量會帶給你信心和安全感。

我的家庭是座很有挑戰性的喜瑪拉雅山

——你並不是家庭背景的囚徒，你有自己的人生和選擇。

案例：落魄貴公子的獨身奮鬥史

六十二歲的大良（化名），曾經在我創辦的公益團體，當了十多年的義工，後來因為身體健康出了狀況才離開。

我一直視他如己弟，多年來我們依舊保持聯繫，而每年的大年初一和我的生日，總會收到他的拜年與道賀。

當我最後一次去探望他時，坐在病榻旁，我牽起他皮包骨的手，緊握著，企圖安慰他一定要振作起來。

他苦笑地搖搖頭說：「姐，感謝你來看我，我的故事你最清楚了，也許有一天可以當作你講古的材料。」

終生沒有結婚的大良，並不是因為他個人的因素，而是他的家庭背景。

他的父親是台北近郊的土財主，擁有妻妾和成群的兒女。大良的母親是二房，而他是二房的長子，下面還有兩個各差三、五歲的弟妹。

妻妾同堂的大家庭總是紛爭難免，但對孩子們而言，則是見怪不怪，加上從小生活無虞，而且父親比較偏袒他們這一房，因此對他而言，只要安分守己好好的求學就行。

可是天有不測風雲，父親突然中風去世了。而母親因為悲傷過度，不到半年也跟著父親走了，而那年他剛好廿歲。

大媽不再手下留情，把對母親的怨氣全部發洩在他們三兄妹身上，狠心地在母親喪期百日內，就將他們連夜趕出家門，更不用說遺產的分配。

而少不更事又不懂法律的他，在情勢比人強的狀況下，也只能忍痛獨立，靠著母親留下的首飾和現金，先租房子把弟妹們安頓下來再說。

為了讓弟妹能夠安心求學，他主動放棄了已考上大學的註冊資格，開始找工作賺錢養家。

這段期間，他除了賺錢還是賺錢，也談過幾次的戀愛，但當對方知道他的家境後，便一一知難而退。

就這樣廿多年過去了，他獨自辛辛苦苦地把弟妹拉拔長大，並讓他們各自結婚成家。而懂得知恩圖報的弟妹，都希望他能夠跟他們一起住，他們都願意為他養老。

可是一向獨立慣了的他，既不想看弟媳陰晴不定的臉色，也捨不得給妹妹添麻煩，怕遭到婆家數落。所以他一直獨居，過著自給自足的斜槓人生，並常以落魄貴公子自嘲。

曾經同在我們基金會的一位單親媽媽義工，很喜歡大良，我也樂見他們能夠重組家庭，但大良善意的婉拒了。

大良的生活經歷，是從高峰跌落峽谷，沒有粉身碎骨卻也傷痕累累，再多的愛與關懷也彌補不了創傷的夢魘，而他不想再攀爬任何一座山了。他甚至自我調侃的說，被愛是一種福氣，但愛人需要更多的勇氣，而這正是他所缺乏的。

案例：家有獨生女，欲招清白贅婿

四十三歲的柳雪（化名），在郵政公司上班，當個小主管。同事們都私下戲稱她為包婆，因為她跟古代的包公一樣，做起事來大公無私，而做起人來也是一絲不苟。

光從外表來說，她算是長相清秀且身材苗條的好樣子，而且臉龐也比她實際的年齡年輕了許多。

條件這麼好，照理說，追求她的對象應該也不少，但不知道為什麼她就是選擇了不結婚。

在柳雪四十五歲的那一年入秋，她的父親去世了，去參加公祭的同事們回來，才分享了從柳雪母親的口中，得知她為什麼未婚的原因。

柳雪是家中的獨生女，父親從小就告訴她，必須扛起傳承祭祖的責任，因此要結婚可以，但對方必須入贅才行。而且除了入贅之外，生下的孩子也必須一律從母姓。

話說回來，除非女方的長相美若天仙，加上家財萬貫，否則現代的家庭幾乎都是少子化，還有誰會願意被入贅？

據說柳雪分別在廿六歲和卅五歲時，有兩次談戀愛的機會，但最後都在父親這個不近人情的高門檻下，弄得不歡而散。

事實上家庭環境對你造成的挑戰，很可能會影響到你對婚姻和其他關係的看法。

但有時礙於出身沒得選擇，而親命又難違的情況下，不是向宿命妥協，就是得過且過，似乎是一種無法擺脫命運作弄的無奈。

但即使如此，要記住，你並不是家庭背景的囚徒，你有你自己的人生和選擇。而追求自己的幸福是人生而自由的權利，千萬不要輕易地放棄。

尤其不要讓家庭背景影響你對自我價值的認知。每個人都是獨一無二的，你擁有的價值與尊嚴並不需要取決於他人的態度和看法，即使是具有血緣的親情關係。

不婚要抵擋的各方暗箭

——你才是自己生命的主宰者，唯有勇者才能突破重圍。

男大當婚女大當嫁的觀念，不論在什麼時代，幾乎都是為人父母者心裡的最大期待，不僅是因為完成世代傳承的社會責任，似乎看到子女走上這一步，才能放心，表示盡到了為人父母的責任。

其實對於大部分的父母親而言，社會的責任其次，反而是自己的家裡能夠「辦喜事」比較重要。尤其子女是由己所出，因此為人父母者，除了有義務教育及撫養他們長大成年外，假如還能夠見證到他們結婚成家，甚至還生育了下一代，如此的良性循環，才算是人生圓滿。

可是很多父母親的思想，並沒有因為世界不同而有所改變，反而依舊因循守舊，用著父母角色的權威，來影響干預子女的生活。

案例：單親媽媽害怕成為女兒的絆腳石

曾有一位單親媽媽A女士，來找我諮詢輔導，我以為她是希望由我出面去勸導她的女兒趕快結婚。事實剛好相反。

她女兒是一位專業設計師，不但敬業更樂在工作，所以獲得公司高層的特別器重，一直要栽培她到歐洲義大利總公司去受訓。這是一個非常難得的機會，因此女兒非常希望可以接受此一挑戰。

但因為女兒已經有一位不錯的男朋友，並且交往了兩年，男女雙方都到了適婚的年齡，因此男方家長曾經屢次催婚，而A女士也曾針對這件事情和女兒詳談。

女兒告訴她，男友坦承表示，如果她去歐洲只有一年的話，他願意等她。但如果超過兩年以上，他則必須考慮到父母親的想法，以及遠距戀愛對他們的考驗。

最重要的是因為他們是單親家庭，母女一直相依為命，且彼此感情特別地好，因此女兒出國與否？結婚與否？都是以媽媽的想法為主。

A女士很清楚，女兒是一個從小嚮往自由，很有主見和創意的人，又是個工作狂，因此對於女兒結婚後，是不是能夠經營好一個婚姻實在質疑。

加上其男朋友也是獨子，必須承接他父親的生意，而未來的婆婆又是個特別具有權威和喜歡挑剔的人。

可是當她的傳統觀念作祟時，她仍然希望女兒能夠結婚生子，好歹有個婚姻的保障，至少讓她將來可以走得心安。

而女兒總是孝順的說，我只要媽媽，可以不用丈夫。只要媽喜歡，我也隨時可以披婚紗結婚；但只要媽媽不高興，別說國外，就是國內我哪兒也不去。可見自己是女兒此生最大的牽掛和負擔，而且已經在不知不覺中，變成了阻擋女兒追求幸福的最大障礙。

很幸運地，她們未來夫家的婆婆居然是我的超級粉絲，給足了面子，於是才有了以下皆大歡喜的結論。

A女士的女兒，決定向公司表明只接受一年的培訓，出國前先與男友完成結婚儀式，而新婚夫妻就選在義大利度蜜月。同時夫家的公婆也同意，在媳婦沒有回國前，由自己的兒子，也就是A女士的女婿，全權負責照顧A女士她老人家的生活。

以上是個幸運的案例，但不是每個人在面對婚姻的抉擇時，子女都能夠體諒父母的用心，而父母也都能夠真正的理解子女的需求。

尤其很多單親家庭的孩子，在成長的過程中，由於缺乏了父愛或母愛的滋潤，導致在個性上，不是顯得早熟而懂事，就是懦弱和幼稚。因此在戀愛的過程中，渴望被愛的弱點，一旦被對方發現，則往往沒有什麼好結局，不是變成被甩的未婚媽媽，就是因害怕寂寞而自甘墮落。

其實在決定不婚的過程中，你可能會遇到各種來自外界和內心的壓力與挑戰，而其中最直接的就是來自親友的壓力。

案例：家有不婚女，父母害怕被鄰居閒話

小莉（化名）卅歲，在家排行老二，是家著名飲料連鎖店的店長，責任重而工作繁忙，因此比較沒有時間陪伴父母親。

可是每逢休假回家，父母親最關心的並不是她的身體健康，而是她

的婚姻問題。

不是開始如數家珍的告訴她，那個親戚的孩子又結婚了，就是她從小認識的隣居的親戚某某某也結婚了。

父親更是用著不以為然的口氣說：「妳不要說是當店長，就是當了經理也是替人打工，又賺不了幾個錢。將來結了婚還不是要生孩子！上一次跟妳介紹的那個水電行的老闆，人家對妳有意思，結了婚自己就是老闆娘了有什麼不好？」。

她每次都在心裡犯嘀咕，默默的頂撞著，要嫁你自己去嫁。

父母看她這種無動於衷的表情，更是火冒三丈。甚至有一次在口角衝突的過程中，母親居然幽幽的說：「以後沒事就少回來，免得鄰居看見一次問一次，我都不知道該怎麼回答。」

那天，她騎著機車回公司宿舍的路上，淚水不曾停過。她只是還沒有找到對的人而已，到底是她的幸福重要還是父母親的面子重要呢？

案例：遭逢家庭巨變，女友拂袖而去

小高（化名）卅八歲，是一名公司業務員。

五年前，大哥騎機車載母親外出，不幸被卡車衝撞，兩人雙雙意外死亡。父親因為悲傷過度而心肌梗塞，搶救回來後就無法再出去工作，由小高負責照顧他的健康和生活起居。

由於業務的工作性質讓他常常不能準時上下班回家，而父親因為害怕失去他這個唯一的親人，因此對他特別的依賴，稍微晚一點回來，他就精神緊張到必須喝杯小酒才能入睡。

而且動不動，就會老淚縱橫地對他情緒勒索，「無論如何趕快找個對象結婚吧！否則我死了以後，不但沒有辦法對祖先交代，更無顏見你的母親和大哥。」

甚至喝醉了，還會作勢拿棍子追打他，口中碎唸著，打死你這個不婚不生的不孝子，想要害咱絕子絕孫。

傳統儒家「不孝有三，無後為大」的這種舊觀點，在當今社會中已經逐漸受到挑戰。

孝順是一種情感和行為的表現，而且每個家庭和文化的背景，都有不同的理解和實踐的方式，因此孝順應該根據每個人個別的價值觀和情況來界定。

小高就不只一次的告訴父親，孝順不是通過結婚和生育來實現的，而且孝順的方式也很多樣，像我對你尊重，關照你的生活，陪伴和伺候你，難道你敢說我不孝順嗎？

等到父親平心靜氣下來的時候，其實也能理解。父親會很溫柔的提醒他，至少也要找個伴，晚年的生活才不至於太孤單寂寞。

其實這背後是個有洋蔥的故事。當年母親和大哥發生車禍後，父親亦馬上崩潰住院，從頭到尾處理喪事的過程，都是由小高一個人獨自承擔。

他當時驚慌失措的精神狀態，連主管都十分担心。在這情形下，主管建議陪小高去看身心科醫生並進行治療。

小高當時已有一位交往快三年，快論及婚嫁的女朋友，他們是不同部門的同事。

當小高家門發生不幸的時候，希望女朋友能夠陪伴他，給他支持的力量。但女友卻用 Line 回他說，對不起，你媽和大哥一起走了，我媽很迷信，她說，有二就有三，不准我去你家。

他當下只是深深地失望，還沒有感受到特別的憤怒。直到女友跟同事說，小高的母親沒福氣，如果她不反對，早一點讓我們結婚，不但不會死，搞不好都已經當阿嬤了。

他聽到此話簡直氣炸了。但為了不偏聽，自己直接找女朋友求證。豈料對方不但直接承認，還順便提醒他，如果百日內要趕著結婚的話，必須先把房子賣掉，換個風水好一點的地方才可以。

此話一出，不只婚事吹了，連朋友都當不成。小高從此把心扉串上了鎖。至於結婚與否，恐怕得等他為父親送終以後，才會再考慮。

除了父母和家人外，有些朋友可能也會對你的決定，提出一些疑問或批評，但儘管這些都可能讓你感到沮喪，可是你不需要太介意。每個人都有不同的立場和看法，如果是好朋友，基於動機良善則給予尊重；至於本來就不懷好意的朋友或同事，就把他們的話當放屁，最重要的還是你自己的決定。

案例：父母離世後，她的單身無助

五十歲的春子（化名），在私人銀行上班，以她的資歷，再過兩年就可以退休了。

她的父母都已經不在了。她在家中排行老二，姊姊和妹妹都已結婚了。大姊很早就結了婚，婚後隨姊夫移民澳洲雪梨，每兩年回來探望父母親一次。而妹妹大學畢業後不久，就因懷孕而提前結婚，婚後與公婆同住並定居在外縣市，也是只有過年過節才能見到面。

於是長期照顧父母親的工作，就落在她的身上。

加上她從姊姊和妹妹的身上，看到種種婚姻的本質以及真實的情況，因此她下定決心不走進婚姻，沒想到這想法竟還獲得了父母親的讚賞。

每天早上，她由父親開車送她去上班，晚上回到家，母親已經準備好她喜歡的晚餐。而父親是銀行家退休，所以他們之間有很多的話題可以聊。

一到假日，他們一家三口，一起上市場採買、享受美食，若遇到長假，不是參加旅行團就是去搭郵輪，春子的生活過得既逍遙又有滋有味，從來不擔心自己會感覺孤獨寂寞。

直到幾年前，分別送走父親和母親以後，才赫然發現，空蕩蕩的屋子裡面已經只剩下自己一個人。

也不知道是自己開始面對孤獨的恐懼，或是太寂寞的關係，當她自己一人去逛街或餐廳吃飯的時候，特別喜歡逗弄旁邊的小孩子，甚至幻想起自己就是那個孩子的媽媽。

春子還突然驚覺到，她幾乎無法參加公司舉辦的家庭聚會活動，因為每個家庭都是夫妻帶著孩子參加，而只有她是孤家寡人。

不知情的人，有時候還會刻意地關心問她，妳有幾個小孩？今天先生沒有陪同嗎？這種氛圍更讓她食不知味，後來她也就索性不再參加了。

而令人悲哀和傷感的是，居然沒有人發現她缺席。想來他們如果發現了，大概也會認為，她不參加可能對她比較好。

春子也曾經到澳洲雪梨大姐的家渡假，雖然姐妹的情分還在，但終究有了地域和時間的隔閡。生活習性的不同，加上彼此年紀都大了，誰也不願意勉強為誰做妥協或犧牲，尤其父母都不在了，親緣也就更淡薄了。

終於，妹妹的孩子，要到台北來讀大學，打算借住在她的地方。春子心裡有些忐忑不安，喜的是她終於有個伴，憂的則是不知這個年輕人會給她帶來什麼樣的麻煩。

孤家寡人生活慣的人，最怕的就是生活方式被改變。所以她認為應該先跟姪女約法三章，但後來轉念一想，算了，人家都不嫌你老，你還挑剔個沒完。於是她親自打電話給姪女，並告訴她已經準備好了房間，隨時歡迎她來。

其實孤獨和寂寞的情緒壓力是可以分開處理的。

舉例來說，有時候我被邀請參加喜宴，滿堂都是賓客，但真正認識的知己沒有幾位。即使有也不見得同桌，就算同桌也未必鄰座。人來人往熙熙攘攘中，看似不孤單，但內心卻夠寂寞的。

同樣的，當我協助警察或社工人員，去處理一些比較棘手的個案時，經常回到家裡已經是深夜時分了。卸下一身的疲憊，我給自己泡壺茶，燈光下照著孤獨的影子，但心裡卻是充滿了欣慰，一點也不感到寂寞。

反正婚姻並不是唯一的幸福來源，你仍然可以擁有充實而有意義的生活。

除了面對孤獨的恐懼與寂寞的壓力，事實上，內心的矛盾與自我的懷疑，才是你在面對外界壓力時，最大的挑戰。

因為，在漫長的人生旅途中，不婚確實可能會帶來一些不確定性和各種擔憂，尤其隨著環境的變遷和人事的變化，人的心境也會受到影響。加上社會對於單身的觀念可能不同，有些人甚至主觀的認為，單身是一種缺陷或失敗，而這些因素可能都是使你開始懷疑自己「不婚」的決定是否正確。

當然你不需要幼稚到，為了證明自己不是一個失敗者，刻意去找一個對象結婚，而只要莫忘初衷的堅定繼續往前走。

但相對的，如果你真的覺得悔不當初，並發現自己不適合走「不婚」這條路的情況下，你也不需要跟任何人解釋，或害怕被恥笑而逃避，因為你才是自己生命的主宰者，唯有勇者才能突破重圍。

如果放棄堅持自我，是否就結得了婚？

——婚姻是建立在相互的尊重、理解和支持的基礎上，而不應該為了結婚，便迫使自己改變或放棄核心價值觀和身分。

結不結婚，原則上好像與是否放棄自我，沒有太直接的關聯性。反而是跟人與人的緣分有關係。

因為在對的時間，找到對的人，而對方剛好也有同樣的想法時，那麼就算不是一見鍾情或一拍即合，至少也會有愛的火花和開展情緣的機會。

婚姻是建立在相互的尊重、理解和支持的基礎上，而不應該為了達到結婚的目標，便迫使自己改變或放棄核心價值觀和身分。否則如此一來，你會開始漸漸失去自我，而付出的代價也未必真正值得。

因為假若你是被愛沖昏了頭，或是在為結婚而結婚的前提下，因一時衝動而去追求一個不符合自己價值觀的婚姻，可能會適得其反，反而得到長期的不滿或不幸。

當婚姻建立在虛偽和自我否認的基礎上時，它不但很難持久，甚至已經失去了追尋心靈伴侶的意義。

要相信，真正適合你的伴侶，不但是會全然接受，並懂得欣賞你的真實自我；而不是想掌控或重塑一個他心目中期待的對象。

至於真正選擇不婚的人，其實應該是對於結婚的意義、自己是否適合結婚生活、以及不結婚將面對的各種挑戰，都已經有了全面性的認知與看法後，才負責任的為自己做出決定，而這份堅定才是對自我肯定的答案。

盡管如此，但人心往往是善變的，尤其環境常常也會影響一個人的命運。所以不婚、結婚、離婚、再婚、再而三結婚又離婚，已經是自由文明開放的社會現象，不值得大驚小怪。

況且不婚只是個人對生活形式的主張或原則罷了，是在與善良風俗或任何法律都沒有任何抵觸的情形下，選擇自由自在的做自己而已。

案例：三觀不合，不必強求結合

小姝（化名）四十歲，是百貨公司的資深櫃姊。

她身高一六七公分，體重五十五公斤，長相十分亮麗且笑容可掬。

很多男性顧客，都是衝著她的秀色可餐來的，但結果都鎩羽而歸，因為她是公認的不婚族，其綽號則是驕傲的鳳凰。

她經常還會用著不屑的眼神和嘲笑的口吻，挖苦那些結婚後的女同事婚後就開始言不及意，閒聊或交談的內容，不是繞著丈夫和子女，就是整天搞婆媳的鬥爭劇。

其實，小姝在三十六歲那年，曾經遇到自己心目中的白馬王子，更是白富帥的典型代表。

對方是來為其母親選擇禮物時，和當時親自為他服務的櫃姊小姝一見鍾情。

所謂烈女怕纏郎，堅持不婚的小姝，經不起吳姓男子的追求攻勢，終於淪陷而認真的談起了戀愛。

她出乎意外的改變，成了公司內部的頭條新聞，當然有人為她祝福，但等著看笑話的也大有人在。

果然他們的熱戀，不到半年的光景就告吹了。分手的原因很多，先是男方的家長，用門當戶對的階級理由，拒絕與小妹見面，而造成小妹心裡有被歧視的反感和陰影。接下來，小妹自己也漸漸的發現，她和男友之間，有很多價值觀上的差異，已經讓他們在溝通上出現了非常嚴重的問題。

尤其男友為了要爭取父母同意他們的結合，總是會要求小妹做些與自己個性相違的事情。然而一再的委屈迎合，或是在失去自我的虛情妥協時，她開始質疑並冷靜的思考，是否真的要為了虛榮的愛情，而扭曲了自己的人生。

真正壓倒駱駝的最後一根稻草，是有一天，當她在上班的時候，突然在其櫃檯前面出現一位穿著時髦的女性。

那貴婦帶著嚴肅且不懷好意的表情，告訴小妹，她是吳姓男友的前妻，他們已育有一女，為了五歲的女兒，雖然已經離婚，但他倆還是經常會見面。

當然在面對這種突兀又複雜的情況時，每個人的處理方式都不一樣。但對於小姝而言，反而覺得這是上天意外賜給的禮物。她毅然決然的馬上和男友提出平和的分手。

她告訴對方，你的過去我沒有參與，但你的未來我也沒有能力承擔，雖然我們做不了夫妻，但我希望你還是我最好的顧客。

事後，她很快就瀟灑地走出了情傷，而當同事們拿「落難的鳳凰不如雞」來調侃她時，她也毫不介意。

此外，她還主動地跟大家分享心得，並坦率地承認，自己高估了自己對戀愛對象的判斷力，同時也再次感受到自己，真的不適合結婚。

養兒育女，其實是種經濟學

——養兒育女是種甜蜜的負擔，但孩子終究不是寵物。

少子化的情況，讓許多地區加速進入超高齡社會。這不僅變成聯合國關心的議題，更成為某些國家不能忽略的國安問題，包括台灣在內。除了適婚的年齡普遍提高，影響到懷孕率降低外，越來越多的年輕人，選擇當不婚族，也是因素之一。

而且也有越來越多的的頂客族，選擇只結婚而不生小孩。

至於不願意生小孩的因素，除了關係到個人的健康狀況以外，也包括了主客觀的環境與意願。

面對頻繁天災人禍的恐懼

首先，由於大氣層影響下的極端氣候變遷，即使科學家都在盡最大的努力減少對人類的生命威脅，但事實上，在面對無法預測的各種天災時，人類的生命是無比渺小且絕望的。

加上人禍造成的戰爭不斷，成千上萬的無辜難民，在缺少糧食又無家可歸的情況下，就屬於無法謀生的孩子們最可憐了。

尤其透過網路資訊的大放送，無形之中，也會令人認真的去思考，如果現今世界，生存的條件是如此嚴苛，而生活中的災難又是如此的頻繁，自己是否有足夠的能力和勇氣去挑戰都成了問題；那麼為什麼還要提供一個極有可能發生第三次世界大戰的不安全環境給子女呢？何況越來越多的汙染與變種病毒，更是層出不窮。

我曾經在國外參加一個有關婦女家庭議題的國際研討會。會中認識了一位來自黎巴嫩的婦女，她是在戰火下的難民營長大的。她選擇終身不婚的理由，對任何人而言，都是可以理解的。

她很悲愴地訴說，她曾親眼目睹，最愛的親人一個個在她的眼前死去，除了悲傷和憤怒外，她甚至覺得自己得以獨自活下來，令她有種內疚的無力感。

來自原生家庭的陰霾

由於受到父母親婚姻的負面影響，有些人會害怕自己沒有能力，當個可以提供孩子快樂童年的父母親。其實最大的顧忌，還是不希望自己童年不幸的經驗，再複製在無辜的孩子身上。

事實上，從不少的案例中印證了，童年在家中曾經是家暴受害者的人，長大成人後，有相當大比例會拷貝這種對待方式，變成了家暴的施暴者。

大壯（化名）在接受身心科醫師的治療過程中，就坦承他每次與妻子爭執的過程中，雖然盡量克制自己，千萬不能用暴力解決問題——但最後還是發生了一如他父親當年對他母親施暴的行為。

他曾經是如此的痛恨他父親的行逕，並發誓自己長大後，絕對不能步上他的後塵。

所以每次對妻子暴力相向時，事後他總是後悔不已，甚至痛哭流涕地跪著懺悔，懇求妻子的原諒。

但依樣畫葫蘆的學習行為，似乎已經變成他下意識裡面的自然反應，像輪迴似的不斷發生，而唯有藉由施暴，才能宣洩自己的負面情緒，這就是耳濡目染下的創傷後遺症。

他需要更有意識地自我療癒和專家的協助。

養育兒女，經濟上必須嚴肅以對

世界上富裕的人口比例到底還是比較少，而當個富二代少奮鬥幾十年的機會也不多。因此對於一般上班族的適婚男女而言，婚後即使是雙薪的情況下，光是兩人要共同承擔的財務狀況，就包含了：卅年的房貸，車貸，保險，還有平常的食、衣、住、行、娛樂等的支出，因此往往不是呈現拮据而入不敷出的窘境，就是必須憑靠著預算，勤儉持家地過日子。

而且一旦有了孩子後，除了嬰兒誕生的當下，為人父母角色扮演的一陣雀躍外，從此就必須用非常嚴肅的態度，為此新生命盡到養育的責任與義務，直到他的法定年齡十八歲，成年為止。

曾經有人統計過，一個孩子從幼稚園到大學畢業，大概需要花費新台幣一千萬元以上。而這只是常態，並不包括假如你的孩子，是先天身障或罕見疾病的患者等，需要更龐大的開銷。

雖然有人形容，養兒育女是種甜蜜的負擔，但孩子終究不是寵物，而家長的行為，也必須負社會道德與法律的責任。也難怪有越來越多的人，寧可養寵物也不養小孩，因為經濟的壓力實在太大了。

羅大姊（化名）是公務機關的部門主管，她晚婚，所以選擇做試管嬰兒，幸運地生下兒子的時候，辦公室所有的人都收到一份高級的喜糖。

可是沒想到，小孩子在三歲的時候，意外生了一場重病，結果成了癱瘓。夫妻兩人幾乎承受不了這個事實，但最後還是必須面對，於是商量的結果，由她提前辦理退休，專心照顧兒子，並重金送他到美國去治療。

但美國醫生的診斷結果，其實和台灣的醫生是一樣的，但是她還是不死心，跑遍了半個地球。甚至專程到中國租房子，請名中醫到家來為兒子針灸。如此才幾年下來，他們就不得不賣掉了一間房子。

可憐天下父母心，雖然羅大姐從來沒有後悔過，但也確實夠辛苦了。

隔代照顧的三明治心理壓力

由於高齡化的現象普遍存在，而在少子化的前提下，發現現今適婚年齡的男女，許多都是獨生子女。

一旦結婚後，除了必須經營屬於自己的小家庭外，還必須擔負起照顧彼此原生家庭長輩們的義務。於是自然處在這種既不能放任上一代父母的親情不顧，卻又必須為新生兒的下一代，努力付出的夾心狀態下。

偏偏現在又是一個高齡又高壽的時代，加上愈是親密的人際關係越難經營，導致經常會適得其反，不是得了姑心就失嫂意，否則就是夫家和娘家兩邊都不討好的情形出現。

長此以往，如果沒有樂觀和包容的心態來彼此自我調適的話，這種糾葛不清而理還亂的心理壓力，就像埋藏在各處的地雷，隨時都可能引爆。不但會間接的影響到夫妻生活的品質，甚至是直接造成離婚的因素之一。

尤其對於許多獨生子女而言，他們自己的思想和ＥＱ有時還不夠獨立或成熟，是否能夠經營好兩人世界的婚姻都已經要令人為他們捏一把冷汗了，實在很難再扛下婚姻中最複雜和最矛盾的「姻親」人際關係。

小荷（化名），得了產後憂鬱症，原因竟然是，從她開始懷孕起，光是婆婆和媽媽給她的營養食品，她就不知道應該先吃誰的？母親和自己的關係雖然比較親，但婆婆的美意也不能不領情。

到了坐月子的時候，母親主張坐月子中心，可以讓小荷好好的休息，可是婆婆則認為費用太貴了，由她來照顧就行。最後還是由丈夫出面跟婆婆商量，坐月子中心的費用，全部由娘家負責，才免去了一場風波。

等他們母女從月子中心回到家裡後，以為這下子可以讓自己當家作主，豈料媽媽和婆婆都有他們家的大門鑰匙。於是她不但生理疲乏不得安寧，而且身邊還多了兩位女性的前輩，更是左指導右挑剔，搞得她心神不寧，不憂鬱也難。可憐但也幸虧她丈夫的肚子夠大，硬是替她塞下了長輩們為她帶來的各種滋補食物。

當民主自由的社會越開放，家庭的形式也就越發多元。單親家庭、同性伴侶家庭、都可以有愛和幸福的成長環境，並且可以通過各種方式，像代孕、收養等規劃，來實現生育和養育的目標。所以不結婚就不能有小孩的壓力與困惑，應該是不存在的，最重要的還是看你自己是否能夠勝任？

Part 2

不婚人生面面觀

「你沒有獨身生活的能力」

——人活到中年，若還沒有學習好如何獨立生活，也就沒有資格當個快樂的不婚族。

通常會認為你「不結婚」就等同「沒有獨立生活能力」的想法，大部分都是來自於父母或家人。

當然，深愛你的戀愛對象，因怕失去你，總會極力保證婚後可以照顧你的生活。

首先要思考的是，為什麼你會給人如此無能的刻板印象。

長輩或家人，應該會比較擔心，你有沒有擇偶與經營婚姻的能力，而不是對一個不婚的成年人的生存之道產生懷疑。但如果你單身時的生活心態或方式，就已經讓父母親操透了心，那他們當然不敢期待你可以獨身地走完人生。

姑且不論他們是多慮了，是太了解你，還是故意用這種激將法，讓你放棄不婚主義。總之你也不妨趁此機會，檢視或反省一下，在性格或人際關係方面，是否太過於偏激或不合群？或是自己的生活習性，的確太糟糕令人受不了；還是真的好吃懶做，導致應付日常生活的基本能力都有困難？

因為即使你是堅定的不婚族，也不表示你可以離群索居。甚至在很多的面向上，由於你沒有結婚的關係，人們反而比較會用好奇和挑剔的眼光來窺視你。

特別是至親的家人，當他們站在「一切都是為你好」的立場提出質疑時，當然也就會令你更敏感，感受更尖銳。因此，除了會讓你感到有種隱私被侵犯的困擾，以及因情勒的壓力造成的沮喪和痛苦；可能你也會因此而失去信心，同時也對自己的能力產生懷疑。

當你遇到這種情況時，最需要的就是冷靜並誠實面對自己，有過則改，無則加勉。

同時你也必須展現自己的能力，用實際的行動證明，你一個人也可以將自己的生活打理得很好。如此一來你就取得了一張獨身門票，不但可以躲過各方的暗箭，還能讓自己活得自由自在。

案例：勇敢走出癱瘓、被悔婚的女子

小玉（化名）大學畢業後，就在一家外商公司上班，並用薪資支持她的未婚夫完成 MBA 學位。

有一年，為了慶祝，和未婚夫一起騎摩托車環島旅行，結果不幸發生了意外。

出乎意料地，未婚夫只有輕傷；反而是後座的小玉被彈飛出去，從此變成必須坐輪椅的身障者。

一夕之間，所有花前月下的海誓山盟，都變成現實中人性的殘酷挑戰。

未婚夫表面上把毀婚的理由，全部推卸給父母親，說是長輩反對，其實他內心真正害怕的是，他認為個性要求完美的小玉，應該已經失去應付將來日常生活的能力，和面對重大挫折的勇氣。

他也坦承，自己並沒有照顧小玉一輩子的意願，對於婚姻生活仍然有憧憬，因此寧可背負罵名，也要選擇長痛不如短痛的分手。

而小玉則像所有的情傷重創者一樣，其心路歷程由事件發生剛開始的驚訝、不敢置信、被退婚的不甘心與憤怒、無謂犧牲的乏力掙扎，到是否要用自殺來報復等。

事非經過不知難，一連串負面的情緒打擊，要求她很快能將心態恢復平衡並接受現實，確實強人所難。

但最終，她還是藉由宗教及自我療癒的力量，放下了對未婚夫的仇恨，並覺悟到自己才是生命的領航者。

雖然為愛付出的代價太大，但幸虧發現得早，否則縱使結了婚，恐怕遲早也會面臨被嫌棄或遺棄的悲慘命運。

花了好長的一段時間，等小玉調整好自己的身心狀況後，立刻積極的發出上百份的求職信。她很誠實地說明自己的狀況，並積極的爭取，希望能夠找到一份不用到公司上班，可以透過電腦和視訊工作的設計職位。

果然皇天不負苦心人，小玉的處境和有質感的履歷表，得到了不少企業的肯定。她真正的重新開始自己的斜槓人生，並樂在工作中。

此外，小玉也不想把自己變成一個被人同情的弱者，更不想給家人添麻煩，因此在工作穩定、收入固定後，她就搬出去，和她以前大學時代的閨蜜共同租屋同居。

她甚至還規劃，將來要做網紅，透過 YouTube 平台，將她的故事搬上螢幕，來鼓勵大家。

案例：以啃老報復父母的男子

小杜（化名）四十歲，職業倉管，與父母親同住。

小杜在廿九歲的時候，曾經很認真的談過一次戀愛，但遺憾地在雙方家長的反對下分手了。

不到一年的光景，其前女友就宣布結婚，並寄喜帖給他。從那一天起，小杜就徹底變了一個人似的，原本就沉默寡言的他，如今更不喜歡與人打交道了。

他的生活就像機器人般的兩點一線，早上去工廠，下班就直接回家。空閒時不是打電玩就是躺在沙發上追劇。

假日也從不出門，三餐全由父母親供應。但他對二老的態度也很冷漠，從來不給予生活上的補貼，更遑論孝親費了。

其實小杜長相不錯，收入也穩定，所以要找相親的對象並不困難。但不論父母親怎樣鼓勵，他就是不為所動，簡直讓年邁的父母傷透了心。

直到有天，一位遠房的親戚老舅來訪，他和小杜睡在同個房間。幾天閒聊下來，老舅終於了解，小杜為什麼要選擇當不婚族。

老舅自己一直單身，正是典型的不婚族。他用親身的經驗，為小杜分析了不婚的優劣點。其中特別強調學習獨立生活對不婚族的重要性。

他認為小杜目前的生活形態，是在利用啃老來報復父母親當年反對其結婚的情緒勒索。這只是一味的在賭氣中渾渾噩噩地度日，卻從來不檢討自己失戀的真正原因，並從失敗的經驗中，重新站起來。

在老舅的眼中，小杜簡直就是個被父母親寵壞的啃老巨嬰，其獨立生活的能力，果然堪憂。

他語重心長地提醒小杜，人活到中年，若還沒有學習好如何獨立生活，也就沒有資格當個快樂的不婚族。過度依賴父母親的結果是，哪天你父母走了，你不是因此恢復自由，而是會徹底的崩潰。

屆時，你不只會失去了生活的重心，你自己也會越來越沒有信心，時間久了，不但缺少生活的目標，也會對生命失去熱情與盼望。

所謂天涯何處無芳草，你只不過是失去一次結婚的機會，並不代表你一生中，不能再擁有其他更適合自己的伴侶。如果你不趁年輕，趕快開放生活空間，去認識新朋友或參加各種社交活動，等到年紀越來越大，你感到孤獨和寂寞的心情，也就會越來越強烈，甚至有被世界遺棄的老大徒傷悲之感。何況人與人之間的情感，是建立在一份耕耘一分收穫的基礎上。

聽君一席話勝讀十年書，小杜終於在老舅切身經驗的分享及諄諄的教誨下，答應會認真思考不再鑽牛角尖，一邊陪伴父母親，一邊重新開展自己的人際關係。

送老舅回去的那一天，他主動要求陪父母親到公園散步。看到陽光普照下的藍天白雲，一家人的陰霾終於掃除了。

快樂是從心啟動，而非婚姻

——一旦戀愛期的經濟邊際效用遞減，愛情帶來的激情與浪漫的感覺便可能逐漸消失，取而代之的是對於自由和獨立的渴望。

如果快樂是源於對自己的內在感受的了解和接受，那首先就要能夠接受自己，並對自己的生活感到滿足。

照理說，年紀愈大見識愈廣，而隨著社經地位帶來的社交活動，其範圍也會越來越豐富，對於快樂的追求簡直是輕而易舉的事情。

但凡事都是知易行難，因為經常在肯定自己，也對生活感到滿意的同時，其實並不代表就是真正的快樂。

何況快樂的時光總是稍縱即逝，緊接著是隱藏在內的心緒，恐怕會是熱鬧過後更深的孤單與寂寞衝擊。

到底，人是受環境影響的群居動物，而這也是為什麼在這種情況下，多數的人會願意加入婚姻的陣容。

樹大分枝是自然生態，而家庭關係的發展也不例外。父母親除了有代溝外，也早晚都會凋零。再親密的手足，除非都是不婚族而決定聯袂生活在一起，否則成年後的自己就是要為獨立的生活找出口。

婚姻可以說是一種分享的方式，支持的力量，但不應該被認為是追求快樂的唯一途徑，不論單身還是結婚，每個人都應該依據自己的價值觀和生活的目標，來決定自己的生活方式。

如果有人企圖要把不幸的童年記憶，或是痛苦的失戀回憶，藉由婚姻來作為情感的依賴與寄托，並期望透過婚姻帶來幸福快樂的話，無疑是緣木求魚，且機會不大。

案例1：原生家庭重男輕女，令她缺愛而濫交

艾薇兒（化名）是獨生女，下面還有一個年齡小她九歲的弟弟，自從弟弟出生後，父母親就開始有了重男輕女的分別心。她不但從嬌嬌女一夕之間變成了弟弟的保母，最荒謬的是，她好像在這個家庭被消失了，所有的長輩和親戚朋友的眼中只有弟弟。

在抗議無效，又沒有人能夠真正理解她的情況下，早熟的她開始透過上網尋找愛的溫暖。

很快的，她在父母親無心的忽視下，竟然同時分別和兩名男子成了炮友。而不幸的是幾個月後，她成了未婚懷孕的小媽媽，而肚子裡的孩子，父親到底是誰？連她自己都搞不清楚。

案例2：太太不是媽媽的替身

小董（化名）來自一個非常正常的家庭，父母親感情很好，兄弟姐妹間的關係也很密切。

他在大學畢業後，很快就找到一份自己喜歡的工作，而且工作兩年後，在自由戀愛下找到了如意的美嬌娘，並順利成了婚。

他的快意人生羨煞了很多人，但問題出來了：婚後他並沒有獲得自己想像中的快樂。

所有婚姻中可能遇到的各種壓力，像婆媳問題、性生活的不協調、經濟出狀況，還是生兒育女的教育問題等——他是何等幸運一概沒有。

那麼他的杞人憂天或悶悶不樂，所為何來呢？

原來，他心目中期待的妻子角色，就是「母親的化身」。偏偏妻子的個性與母親截然不同，於是他企圖透過各種方式要來改變妻子，當然結果是失敗的。

連他自己的母親都規勸他，江山易改本性難移，不要企圖去改變別人，而是要學會欣賞妻子的特點，更不是依樣畫葫蘆尋找替身。

婚姻不是給予希望快樂的城堡

我在擔任家庭婚姻輔導的過程中，經常會遇到很多適婚年齡的男女，他們在長期工作的壓力下，或是厭倦了原生家庭的關係，愈發感到自己已經漸漸失去了生活的重心；或是沒有什麼事業前途可言，因此會把婚姻當作一種可以提供他希望和快樂的城堡。

但為什麼往往結果會事與願違？很簡單，因為你找的對象剛好跟你有同樣的想法。

就像天下沒有白吃的午餐一樣，己所不欲勿施於人，製造快樂泉源的開關，是發自內心深處的秘密武器，彷彿擁有它就擁有了世界，而非一味的冀望別人贈予你一個烏托邦。

如果婚姻是可以確保幸福快樂的堡壘，那麼所有童話的結局，就不會只輕描淡寫地點到，英雄救美，王子和公主最後終於結婚了的情節而已。

而且不要忘記，快樂的情緒是可以感染的，因此當你快樂的時候全世界都陪你笑，但當你悲傷的時候，只有你自己躲在牆腳哭泣。

兩人溝通太麻煩，就是想自由生活

——喜新厭舊是人類的通病，而時間則是檢驗愛情的最佳工具。

為什麼愛情是盲目的？因為在情侶的眼中只有他們彼此，世界早就被拋到腦後。

尤其一旦進入熱戀的狀況，在愛情力量的升溫與強化下，簡直是情人眼裡出西施，導致彼此身上的缺點，幾乎不需要任何理由，都可以視而不見並轉變成優點。

而只要是對方喜歡的人事物，即使違背了自己的原則，也會盲目的接受與認同，而這也是為什麼愛情會令人著迷和瘋狂的原因。

不論是在什麼樣的年代、國度或種族，喜新厭舊是人類的共同通病，而時間則是檢驗愛情的最佳工具。這也就是為什麼過來人都會善意的呼籲，談戀愛時，千萬不要因一時的性衝動而造成遺憾。但相對的，戀愛的時間也不宜過長，否則容易夜長夢多。

戀愛中一旦少了刺激的衝動，喜愛的新鮮感，適應與磨合的耐性，還有經濟邊際效用遞減的情況下，愛情帶來的激情與浪漫的感覺，可能會逐漸的消失，取而代之的是對於自由和獨立的渴望。

這就是所謂「愛情的初老症」。它是指在一段關係中，隨著時間的推移而產生以下幾點徵兆：

1、對在熱戀期中充滿的激情和浪漫的氛圍，逐漸在消失中而感到困惑與失望。

2、對於關係中雙方將面臨更多的壓力與挑戰，會有更多的疑慮不安。

3、企圖尋找關係中的平衡點，讓彼此都能感到滿意和幸福。

4、因為被關係所限制，而渴望能夠擁有更多的自由與空間。

5、希望能夠對於個人的生活重啓新思考，尋找更符合自己需要的生活方式。

6、期待雙方都要有坦承的溝通誠意，並尋找適合自己的解決方案。

有這些現象，並不意味著對伴侶不再有愛，反而是需要對自己生活方式重新進行思考和定位。因此，如果你感到兩人的關係帶給你的壓力超過了快樂，那麼想去追求自由及單身的生活也是可以理解的。

案例1：青梅竹馬，新婚無激情

小玉（化名）和她的男朋友是青梅竹馬的玩伴，長大以後又讀同一所大學，是大家心目中公認的一對情侶，當他們要走進婚姻殿堂，似乎也是理所當然的事。

但沒有想到結婚不到兩年，他們就宣佈離婚，簡直是出乎意料，跌破了大家的眼鏡。

長痛不如短痛地結束婚姻後，他倆瀟灑且幽默的說，歷經了十九年的愛情長跑，即使結了婚，也像是自己的左手拉右手，真的一點感覺都沒有。

似乎他們結婚的目的，只是對雙方家長的一種儀式性的交代，別無其他意義了。

事實上，由於他們認識彼此的歲月實在太久了，導致他們之間的互動關係，就像一般的老夫老妻，以及家人的感覺，完全尋找不到任何新婚夫婦應該有的興奮或新鮮感。

而婚後一旦對於彼此的需要關係產生了質疑，便會引起對另一半的嫌棄和失望，甚至會用相敬如冰的冷漠態度，來面對婚姻中的問題。

案例2：個性互補生愛，實際生活生厭

志中（化名）是位專業的工程師，除非是提到他所熟悉的工作內容，否則總是表現得沉默寡言。

而且不論聚會或派對的人數多寡，他除了聆聽還是聆聽，幾乎很少會提出自己的看法或意見，而他自己也承認他有社恐症。

但他的伴侶，在個性上則剛好相反，既活潑又健談，簡直就是派對女王。也許因為一靜一動，性格上有互補的作用，因此在女方比較積極主動追求的情況下，他們認識不到三個月就開始了同居的生活。

一開始共同生活，對於一向都叫外賣，也不善於整理居家環境的志中而言，突然能夠享受到有個比起母親更體貼又不囉唆，且日夜都會關照他生活起居的伴侶，簡直就像是中了彩票，開心極了。

可是真正的相處六個月後，情勢就改變了。

同居的伴侶開始嫌棄他的懶惰和衛生習慣。廚房開火的時間越來越少。而周末假日，伴侶常未經過他的同意，就把她不同群組的閨蜜們約到他住所，然後開始叫外賣狂歡到深夜。

一開始基於愛屋及烏，他也熱情款待，但當這種情況越來越頻繁，甚至變成一種常態性後，他發現除了他與伴侶兩人共處的時間越來越少外，他竟然因為晚上不得安寧，而患了神經衰弱症。

由於工程師的工作比較單調而壓力也大，因此下班後回到家，能夠有自己喜歡的伴侶共同分享彼此生活的點滴，是他相當珍惜的一種生活方式。

可是當他覺得兩人生活在一起的麻煩程度，比自己單身時還更辛苦或複雜的話，他寧可選擇享受自由的孤獨。

當床伴認真時

——隨著長時間的聯繫與互動的親密關係，慢慢地彼此間會衍生出一些微妙的情愫，甚至轉化成想佔有對方的複雜愛情。

不少的不婚族，由於在心理上已經決定不打算結婚了，因此在社交領域的心態和行為上，也就顯得比較輕鬆和瀟灑。

但省掉了追求心靈伴侶的婚姻，並不代表可以不需要生理需求的滿足，因此在網路上，唱KTV或者是酒吧裡，成年人經常只要做好性行為的安全措施，發生一夜情，對性格開放的不婚族而言，其實已經不是什麼大不了的事。

而因為禁不起挑逗或誘惑的一時衝動，等到真槍實彈辦完事後，才發現自己看走了眼，從此視為陌生人並悔不當初的情形，不但時有所聞，且大有人在。

但人到底不是低等動物，即使一開始，彼此都是出於爲了滿足個人的性慾，又不想為對方負責的心態，而有了一夜情的結緣。但到底還是要在彼此你情我願，且都有意願的前提下才能促成。

有不少酒友變成床伴的情況，都是在一回生兩回熟的摸索中進行，並且一開始，只是單純的因為找到了愉悅的安全性伴侶而開心。

但隨著長時間的聯繫與互動的親密關係，慢慢地彼此間會衍生出一些微妙的情愫，甚至轉化成想佔有對方的複雜愛情。

事實上透過肌膚接觸的性交，尤其是雙方都能夠從中得到滿足的話，不論其是否有感情的約束，或多或少，情緒上還是會在其中受到情感的擺布。

由性生愛，不無可能

阿軒（化名）男卅八歲，阿雯（化名）女卅四歲。

兩人都是上班族，也都是職場上的小主管，兩人是在酒吧裡認識。他們不婚的理念一拍即合，而且彼此都開誠布公的讓對方知道，自己為什麼不結婚的理由。由於經常週末在同一家酒吧見面，因此無形中，兩人就自然而然的變成了無話不說的酒友。

有一天喝完酒，阿軒邀請阿萱一起到附近的KTV唱歌。

沈醉在美妙音樂環繞的氛圍裡，加上酒精的催化下，不久之後，他們在半醒半醉的氛圍中，很自然的發生了性行為，而且事後雙方均表達，超出預期的滿足與快樂。

雖然他們仍堅定守著不婚的底線，但同時，卻樂意心照不宣的成為彼此固定的性伴侶。

但這種情形大概維持了將近一年半左右，有個晚上，當阿軒像往日一樣的邀請阿萱到酒吧一起去喝酒。彼此擁抱，一陣寒暄，等三杯酒下肚後，突然阿軒拿出一張自己的結婚請帖，在面紅耳赤且帶著尷尬的神情下，相當為難地遞給了阿萱。

昏暗的燈光下，當阿萱用質疑且猶豫的態度收下對方的請帖後，簡直不知道自己該用什麼樣的心情，來回應這個措手不及的「驚喜」。最後只能在阿軒一連串的抱歉下，她含淚的獻上胡言亂語的莫名祝福，奪門而出做為告別。

自從那天以後，她整整過了好幾個月的苦痛時光。白天尚可強作正經的忙碌着，但夜深人靜時，不是翻來覆去無法成眠，就是傷心地以淚洗面。

終於有一天閨蜜說了一句，「妳不婚而他要結婚，結束婚前炮友的關係不是很正常嗎？」

於是她便開始企圖改變現狀。

每天她不斷地告誡並強化自己，既要作為不婚族，在這方面早就應該要有覺悟與承擔，不但必須要快刀斬亂麻，更應該勇敢及灑脫地面對未來。

可是就在日子漸漸恢復日常時，分手十一個月的某一天深夜，她居然又接到阿軒傳來的私訊。

除了問候她過得好不好外，還深情的表示，他雖然結了婚，卻沒有一天不在想她。

沒想到這意外的一則簡訊，竟然當下就令她的心理防禦系統，不堪一擊地瓦解了。

她將手機握在胸口嚎啕大哭起來，口中還吶喊著阿軒的名字。悲哀的是，從此以後她仍然是不婚族，但同時卻也是別人的小三。當小萱的閨蜜指責她，為什麼要破壞自己的道德防線？她只能輕描淡寫的回應對方，表示她真的愛上了他。

我的社群，讓生活更開闊

——如果因為不婚，就不願為家人付出的話，剩下的恐怕只是沒有靈魂的空殼，況且「愛」才會讓人有活下去的動力。

大部分的不婚族，最鞏固的人際關係是原生家庭，但為了有獨立與自由的空間，也不是每個人都會選擇住在原生家庭。

有時往往因為不婚族的自由身，導致有兄弟姐妹的家庭，比較容易把他們當成理當照顧父母親的最佳選擇。

同樣的，也有不少的不婚族，仗著自己一個人沒有家累的情況下，把原生家庭當作是自己最佳的依靠。

其實以上這兩種形態，對於長期親密人際關係的經營而言，早晚都會出現破綻。例如相互間摩擦的埋怨，乏力的負擔，為了彼此的利益衝突，而或有撕破臉甚至告上法庭的情形。

倒是沒有兄弟姊妹的獨生不婚族，的確比較有向原生家庭的父母親要賴或要廢的權力，因為其父母親也別無選擇。

原生家庭仍有兄弟姐妹的不婚族，不要把單身的方便當隨便，除了不要太自私自利外，尤其在重要節慶或有家庭聚會時，切記不要只想扮演著局外人和客人的身分。

一生圓滿的不婚者

我有位老友，一生未婚，可是兄弟姊妹包括他們的配偶，都對她敬重和厚愛有加。

尤其包括姪女或甥兒的晚輩們，在她去世的告別式中，對她真誠的深情告白，簡直令人動容。

她生前是父母親最信任的對象，也是手足及妯娌們最佳且守口如瓶的傾聽者，更是晚輩有求必應的聖誕老婆婆，但各種角色的扮演，都不影響她知道自己要的是什麼。

臨終前她還用「無名氏」的名義捐了一筆錢給我們基金會。當時我用羨慕的口吻告訴她，人生事事難「圓滿」，但她卻做人做到了「完滿」。

她面帶笑容平靜的回說，我一個人悄悄的來到世間，也一個人孤孤單單的離開。

在生命的過程中，如果因為不婚，就當個自私鬼而不願意為家人付出的話，剩下的恐怕只是沒有靈魂的空殼，況且「愛」才會讓人有活下去的動力。

除了做人成功外，她更是樂於學習和分享的社會參與者。從年輕到老都始終如一，只要是覺得有興趣的事物，她就會積極的去學習，而且不吝分享。光是義工一職，她就從公益團體、醫院做到廟宇。而在她退休前，就已經自助旅行環島了好幾次。

我曾經問她一個人旅行難道不會害怕？又有什麼目的呢？

她告訴我，跟團或群遊的樂趣與獨遊的心情和風景是不一樣的。而她也能利用獨遊的過程，作為機會教育並訓練自己，學習在不同的處境中，如何獲得更多的自主性與獨立的思考邏輯，並用來沉澱及過濾日常生活中的垃圾情緒。

尤其在獨遊的沿途中，不但讓她因為深深感受到台灣的人情味而更愛台灣。另一個意想不到的收穫，就是每次的旅遊都可以結交到不少各地的新朋友。

理想很豐滿，現實太骨感

——不論是為了什麼理由閃婚，總是帶有刺激與衝動的成分，但終究還是必須趨於冷靜並恢復常態。

婚姻是人生最難修行的道場之一。

由於自己年紀大了，因此很多粉絲私下建議，希望趁我還有熱誠和動力時，把我多年來諮商輔導的實務經驗，以說故事的方式留下紀錄。於是我自二〇二四年開始，就製作了一個名為《婚姻學苑》的相關節目，每周四在 YouTube 頻道播出。

我把婚姻分成四個重點學分：**婚前進修／婚後維修／婚變補修／婚劫重修**。每一集節目的尾聲，我都會強調，以上的內容都是我主觀的看法，供您客觀的參考。

事實證明，幾乎每個人都是用自己的個性，很主觀的在經營婚姻。光是自己都很難說服自己了，偏偏還想利用婚姻去改變別人的切入角度，就可略知一二。

因此當婚姻中遇到困難或挫折時，欠缺冷靜、客觀和理性的態度，就會阻礙對話與溝通的管道，相對的也是造成離婚率居高不下的原因之一。

尤其高齡社會的普遍化，更無形中延長了婚姻的期限。因此要能夠把婚姻經營好，要突破的問題與挑戰實在太多。

其實很多人不是不想結婚，而是想像有美感，但現實太骨感。於是不知不覺就變成了單身，而單身久了，就越來越不想、無法，甚至拒絕跟他人發展親密的關係。

但相對的，單身生活也有一個好處，就是可以有更多的時間來反思自己的需求和價值觀。

我的 Mr.／Mrs. Right 可能在外星球

我們都希望能夠找到對的人，但全世界有超過六十億的人口，在茫茫人海中，要到什麼時候才能夠找到呢？

所以如果你不趁年輕的時候，開始就在現實生活中訓練建立親密關係的能力，培養社交人脈的網絡，那麼你怎麼有機會和可能性，去發現那個對的人呢？

首先要有主動參與社交活動的動機。例如參加社交活動，包括有興趣的社團，社區大學，讀書會和當義工等。這些都是與他人建立聯繫的好機會，也唯有透過擴大社交的圈子，你才有機會去認識到更多的人，再從認識的人當中去選擇，你要進一步發展的親密關係。

當你願意踏出這一步的同時，你必須打開心扉並保持開放的態度。所謂一樣米養百樣人，每一個人都是獨一無二的，尤其踏出社會後的成年人，都希望自己真正親密的關係，是建立在互相尊重、信任、和理解的基礎上。

但更要了解到發展親密的人際關係，是需要透過長時間的努力和維繫，才能夠開花結果。否則與人交流的過程中，總是採取蜻蜓點水似的偶一關心、曇花一現的陪伴，甚至是一次性的利用價值，其後果是你不但尋找不到對的人，反而讓別人看破了你虛偽的人格特質。

很多單身長久的人，因為堅持要找對的人，或是因為曾經被感情傷害過，進而對在現實生活中找到伴侶的可能性感到失望或絕望的情況下，失去鬥志，更對自己完全沒有信心。只能幻想並安慰自己，心目中的理想對象，可能是在遙遠的他方或外星球。

在此我要呼籲單身或不婚族，不論你的感情世界曾經遭遇或發生過什麼樣的變化，但還是不要放棄或忽略了，保持社交和建立人際關係的重要性。因為唯有如此，在「轉角遇到愛」，才不會只是個神話。

案例：耐心養金魚二十年的女人

我有一位目前已經六十多歲的女性朋友，從四十餘歲開始，就很堅定並公開地表示要當一位不婚族。

但只是不婚，並不表示她不需要人際關係的互動，其實她仍然嚮往談戀愛的感覺。

她發明了一個自認為很有創意的「養金魚」理論。

她雖然熱衷工作但也絕不虧待自己，平時除了維持與家人良好的關係外，總是積極的另闢版圖，參加了很多素質不錯的社團。在團體中她都表現得非常的熱誠，不但平易近人且很好相處，而且一旦加入會員就不輕易退出，因此她的人緣極佳。

而比較現實的一點，是她對於社交的對象相當有要求。除了堅持必須要物以類聚外，還立下不交「吾友不如己者」的座標。因此與她較有深交的夫妻檔，不是社經地位高就是經濟環境相當的好，而且她只和太太們當閨蜜，卻保持從來不跟她們的丈夫私下有任何曖昧動作與接觸的原則。她自詡自己是當個有耐性的養金魚者，而不是飢不擇食，跟別人搶麵包屑的外遇或被包養的小三。

我還是有點不明白她的金魚理論是什麼。

於是她很正經的跟我說：「我和這幾位精心挑選的好閨蜜們的交情，都已經超過幾十年了，而她們的老公，個個都是賞心悅目且身價不凡的金魚。假如哪一天，其中任何一位比我早上天堂，那麼她的另外一半，如果要再婚或找個伴的話，她生前一定會跟老公交代，我就會是他們最優先考慮的對象。」

聽完的當下，我是瞠目結舌，覺得這觀點相當荒唐。更讓我不能理解的是，又不是自己的條件不夠好，為什麼要把幸福虛渺地吊掛在「等待閨蜜發生不幸」的邏輯上？

再說，現在女人的壽命都比男人長，如果所有閨蜜的老公都先走了，豈不夢碎一場空，簡直在浪費青春與智商。可是她完全不以為然的解釋說，她是讓自己處在一種「進可攻退可守」的自由空間裡，而且既安全又能夠選擇。

因為就算她養的金魚，全部都先她而去世的話，由於長期相處得如同家人一般，也能留下不少溫馨的共同回憶，並不算虛度光陰。至於閨蜜們則更需要她的感情與陪伴，友誼也是一種支持力量。

她是一個樂觀的不婚族，不但從來沒有放棄對於愛情的追求，而且始終相信只是緣份還不到，而不是她找不到對的人。因此養金魚理論也算是她用堅定的毅力，為自己的 Mr. right 所建構的秘密武器。此法不但提供了未來想像的憧憬，而且還有可能願望成真，並落實到現實的生活裡，只是隨著歲月的增長，出線的機率恐將愈來愈少。

但皇天不負苦心人，一向信誓旦旦的不婚族，居然在她五十八歲生日的那一天，終於如願以償地披上了婚紗，與她期待中的一隻金魚，永結同心。

參加婚禮的當天，我受邀上台致詞，並鼓勵現場的不婚族們，大家開始努力的養金魚吧！

閃婚，風險自負

——即使你已經決定了要閃婚，但至少也應該與結婚的對象，有深入的交流，包括要先了解對方的三觀（世界觀、人生觀和價值觀），以及家庭背景。

閃婚，指的就是在很短的期間內，找到了結婚對象並合法成婚。

不論你是經過多少年的愛情長跑，還是只認識一天就決定閃婚，對於現代的成年人而言，都是自由意志下的選擇，所以風險必須自負。

但一般而言，對於愛情長跑的觀點，通常是會擔心他們因為跑的時間太久，而彼此也都累了。因此好不容易終於跑到了終點，結果反而有解脫的感覺，甚至覺得沒有繼續再跑的必要性，而選擇了分手。

而對於閃婚的評價，則剛好相反，通常會用事非經過不知難，或是涉世未深，被愛情沖昏了頭的傻瓜來形容。

事實上，這樣的評價對於閃婚者而言也不盡公平，因為緣分這種東西是很難說的，否則那來的一見鍾情？只是愛情並不是生活的一切，而婚姻也絕對不是兒戲，因此閃婚可能會帶來的一些風險和挑戰，是在做出決定之前需要多加考慮。況且閃婚也未必適合每個人。

即使你已經決定了要閃婚，但至少也應該與結婚的對象，有深入的交流，包括要先了解對方的三觀（世界觀，人生觀和價值觀），以及家庭背景。

所謂道不同不相為謀，連做朋友或是合夥，都要確保你們彼此之間，有著相似的想法和目標，何況是要長相廝守，走一輩子的持久關係，先了解後再行動，是保護自己非常重要的步驟。

戀愛之浪漫，就在於只屬於兩個人的世界。但現實中要面對的，則是由雙方不同的原生家庭，所延伸出的複雜人際關係。而其中出現最多的，恐怕就屬婆媳問題了。

不論是為了什麼理由閃婚，總是帶有刺激與衝動的成分，但終究還是必須趨於冷靜並恢復常態。而這時候才開始要認真的面對被忽視的後續問題，例如財務狀況、生活方式以及家庭計畫等。因此對某些只願意活在浪漫幻想和不切實際的人而言，往往禁不起考驗。加上閃婚時沒有考慮到婚姻的保障和法律的程序問題，導致發現婚姻並不合法和有效時，也令人後悔不已。

案例：渴望幸福，反被渣男設計騙取貞操

小晴（化名）廿五歲，她的職業是直播帶貨團購的網紅。

由於個性開朗也長得很可愛，因此擁有不少粉絲，其中有位卅歲出頭，姓吳的年輕帥哥，對她特別的照顧，不但每天花大錢買她推銷的產品，更是一下班就開名車在公司門口接她，一起下班去吃宵夜。

他們透過網路，相識還不到兩週，吳先生就跟小晴提出結婚的意願。求婚的態度不但堅定又誠懇，還把他的豪宅地契雙手奉上，作為結婚的禮物。

由於小晴家庭環境不好，她高中畢業後就放棄升學，開始踏入社會工作。

這麼多年來，直播帶貨的工作，儘管已經大大的改善了家裡的經濟狀況，但業務和同行的競爭壓力卻是與日俱增。

因此年紀輕輕的她，已開始出現身心俱疲的倦怠感和初老症。她內

心始終很渴望能夠找到一位，愛她、寵她、而讓她無後顧之憂，可以自由喘息的伴侶，但可惜追求者，不是條件不夠好，就是對方不想步入禮堂。

而當她接受到吳先生的熱戀追求，馬上就一廂情願認定他就是對的人，當下就同意閃婚。腦海裡出現的都是自己從此過上美滿生活的畫面。

可惜就像電視劇裡面誇張的情節，他倆在燈光美氣氛佳的美酒佳餚催化下，她竟然是在迷迷糊糊又醉醺醺，且不省人事的狀態下，度過了沒有太多記憶的新婚之夜。

等到她隔日醒來，發現躺在她身旁的枕邊人，居然是一個五十多歲禿頂的陌生胖大叔，還用著齷齪的色情眼神繼續在她全裸的身上打量，她差一點被嚇昏過去。

現場經過一番憤怒爭執與搏鬥後，她好不容易才從崩潰的情緒中驚醒，原來她是被人設計了騙局，而主謀居然就是她要閃婚的對象。

這位奪走她貞操的陌生人，原來才是經常光顧她直播產品的背後大戶，而騙婚的吳姓渣男，只不過是個花錢雇來的臨演。

大叔臨走前，丟下一包廿萬的紅包在床頭上，並恬不知恥地坦承，他是個處女癖的愛好者，對她垂涎已久。

他也很清楚，憑自己的年齡和外觀長相，是一定得不到她的青睞的。但他看準了，像小晴這種年輕的小女生，都是以貌取人，特別喜歡長相俊俏的男生，因此他為了達到目的而不擇手段。

最後，他還在傷口上補上一刀，用長輩的口吻教訓她一番：「妳太膚淺了，只重視男人的外表和金錢攻勢，要閃婚至少也應該先查核一下對方的身分證和配偶欄吧！」

案例：愛情陷阱，騙子讓他破財又傷心

小羅（化名）三十六歲，被公司調派到中國上海任職，擔任開發新

業務的指導員。

初次到了花花世界的上海，對小羅而言，簡直是大開眼界，新官上任總是有些歡迎的儀式，對於年輕人而言，沒有比到有特色的酒吧暢飲更迷人了。

而尤娜（化名）就是小羅在酒吧認識的炮友，既性感又時尚，小羅自從與她談戀愛後，就像走進迷魂陣一樣，完全陷入無法自拔的地步。

三個月的工作期限到了，尤娜表示她實在太愛小羅了，害怕一分手就變成遠距愛情而被遺棄，因此堅持不讓小羅離開——除非小羅能夠先跟她辦理結婚，保證她可以一起到台灣來生活。

雖然小羅也捨不得離開她，但家裡的長輩卻堅決反對他們閃婚，搞得小羅左右為難，更整天失魂落魄，焦慮到不知如何是好。

最後還是尤娜想出了一個折衷的辦法。她願意讓小羅先返國述職，也乘機說服他的父母親同意他們早日結婚。但為了表示小羅對她的愛情忠貞，必須給她一些實質的保證，因此希望小羅能夠在上海買個房子，作為將來愛的小巢。縱使不能一次付清，至少也要先付頭期款，而且必須將房子的產權，過在尤娜的名下。

小羅不但完全同意，且為了讓尤娜能夠安心的等他，於是義不容辭地，把多年來所有的銀行存款，全部提領出來，不但付完頭期款，把房產過戶在尤娜的名下，還留了一筆生活費給她，自己才依依不捨地回到台灣。

回到台灣後，一開始每天兩人都還能隔空甜言蜜語的互訴衷曲，但一個星期不到，他打給尤娜的電話，竟突然變成無人接聽的空號。小羅對這個突發狀況感到非常緊張，深怕尤娜發生了什麼意外還是生病了，因此憂心忡忡。可是他除了尤娜本人以外，對她的背景可說一無所知。

最後他不得不把自己的事情報告了上司。主管聽完他的故事，認為他受騙的機率相當大，於是叫他再跑一趟上海，必要的時候要通報公安局。

果然不出所料，尤娜已人去樓空。他在非常震驚與難過之下，還是不死心地跑到酒吧去問經理，看能不能夠打聽出到底是怎麼一回事。酒吧的經理搖了搖頭，嘆了口氣告訴他，尤娜絕對不是用真名，而且聽她的口音就知道她不是上海人，至於她在哪裡也沒人知道，你走後她就再也沒有來過酒吧，我看她根本就是個四處跑單幫的慣犯騙子，你還是到公安局走一趟吧！

小羅簡直被五雷轟頂，震驚悲憤地質問對方，我可是你的常客啊，你為什麼不早點告訴我呢？酒吧的經理苦笑道：「我們對光顧酒吧的客人，都是一視同仁的，何況我可沒有義務告訴你什麼，不是嗎？」可憐兮兮的小羅，從出社會開始努力辛苦的工作，點滴存下來的積蓄，就在閃婚的念頭下，一夜之間泡湯了。

最令人遺憾的是，自此之後，小羅成了創傷後壓力症候群的病人。雖然在身心科醫生的幫忙下，逐漸恢復了正常的生活；但深植在他心中的悲憤的烙印，卻讓他從此不再相信女人與愛情，成了沈默的不婚族。

婚姻到底還是人生中一個重大的決定。除了愛情的力量之外，最好同時也尋求家人和朋友的支持與意見，他們對你的關愛與了解，多少能夠提供一些建議和反饋，幫助你做出最好的決定。

危險情人令我對愛止步

——雖然愛情帶來了風險，但別忘了，也帶來了機會和成長。

人絕對是情感的動物，即使擁有了全世界的財富和壽命，但如果生活中缺少了感情的溫暖（其中包括了親情、愛情、友情、和其他相關的情操），一切似乎都成了空虛的身外物。

舉例，不論你是去探視陋巷中的獨居老人，還是高級養老院的長者們。經濟上的主客觀因素，會造成他們居住環境的差異，但在他們的內心世界裡一致的吶喊，就是希望有親情的長期陪伴。

同樣的，大家都知道，戰爭對人類造成的全面性傷害不在話下。身為軍人，他肩負保家衛國的職責，讓他必須奮不顧身的衝鋒陷陣。可是當他身受重傷倒下去的那一刻，他最後的願望，可能是希望再見父母一眼，或是躺在愛人的懷中告別。

又，假設一位你多年的好友由於事業經營不善，虧欠了不少債務，其中包括你借給他的一筆巨款。最終在周轉不靈的情況下，他竟然不告而別並潛逃到國外，從此音訊渺茫。對你而言，痛失金錢的難受固然無以倫比，可是在你的內心深處，真正遺憾的，恐怕是除了對於人性的失望外，更是彼此多年來好不容易建立的情誼。

可見這個世界上，沒有比「情傷」對人類所造成的身心傷害，更為嚴重。這也使得我們對未來的愛情，始終抱持半信半疑的態度。尤其是在多重壓力，又遭受不斷創傷的情況下，更令人會因自卑而對生存的價值產生質疑，因此產生輕生念頭的例子比比皆是。所以如果過去的經歷，讓你對愛情感到恐懼或不安，這是完全可以理解的。

時間是最佳的療傷方式

時間將是療傷者的最佳選擇。

要給自己充分的時間去療癒和恢復，並逐步重新建立對愛情的信心。千萬莫因一朝被蛇咬，十年怕井繩的心理作祟，令你對追求新的愛情裹足不前。而這個療傷的過程，對準備好重新開放自己的你來說，是個相當重要的步驟。

你可以透過自我反省，了解過去的經歷對你的影響，並積極的尋找療癒的方式，這可能包括與親朋好友或專業人士的諮商輔導，或者是透過寫作或藝術的形式，來表達自己的情感釋放自己的壓力。

同時你也可以開始設定健康的界限，並學會說「不」。

雖然說，男人不壞女人不愛，是種調侃，但事實證明，如果你不懂得保護自己的話，要想避免陷入壞男人的危險情感關係，簡直是進入叢林的小白兔。

有不少的女性，在談情說愛的過程中，只為擄獲男人的心，而以或刻意做作矯情，或過份主動，或是完全任由對方擺佈的懦弱方式，來達到自己的目的，但結果往往適得其反，既得不到幸福，還易遭到對方輕易的分手或遺棄。

適度矜持才是保護自己

俗話說，「妻不如妾，妾不如偷，而偷又不如偷不著」。這並非只是針對傳統男性的心理狀態，而是人性慾望不易滿足的通病，對於現代的女性也適用。

由於人性對於慾望的執著，每個人的心理狀態，表現出來的反差各不相同。

倒是在情感交流的關係中，如果能夠表現出適度的矜持，不但是在維護自己的尊嚴，同時也傳遞出某種訊息，讓對方會因為你的自重而自律。

當你感到準備好重新開放自己的時候，可以勇敢逐步的嘗試與他人建立親密關係。包括參加社交活動，與親朋好友聚會，或者嘗試在網上或現實生活中與人交往。

除非是愛得不夠深，或是傷得不夠重，否則要從情傷的陰霾中馬上走出來一步到位的情況，實在太少了。因此如果你感到困惑或不安時，不要害怕會重蹈覆轍，或因為人際關係的交流過程中，又遇到一些困難或挫折，就想再退縮回去。這時反而需要打開心胸，更勇敢地站出來，用正面的思考去尋求支持。

只要打開心胸，你就會發現，關愛你的家人或朋友，始終會站在你的立場給予鼓勵，而與專業人士的諮詢談話中，也可以獲得支持與理解。

路都是自己開拓出來的，唯有堅定的腳步，才能讓自己重新站穩再出發。

重要的是要記住，過去的經歷不應該成為阻止你追求未來幸福的障礙。何況，雖然愛情帶來了風險，但別忘了，也帶來了機會和成長。

終於想婚，卻已失去社交動力？

——當你懂得愛屋及烏，人溺己溺的同理心的時候，你不再孤單寂寞，反而是熱愛生命的潛能，會完全的被開發出來。

也有人問，萬一我哪天突然想婚，但已失去社交的動力，怎麼辦？

如果你正處在這樣的情況下，首先可能要先反思和自我了解。理性的捫心自問，你為什麼會失去了社交的動力？是因為在情感上經歷過了什麼樣的不愉快經驗？還是在職場的工作上遇到什麼樣的壓力？或是由於健康的問題而對社交場合感到不適？

婚姻是一個重要的決定，不需要急於一時。有人廿出頭就結婚了，但也有人尋尋覓覓了一生，到了七老八十才結婚的。因此不妨保持，得之我幸，不得我命的樂觀態度。至少不會讓自己老在負面的情緒中沉浮或鑽牛角尖。否則時間一久，很可能就會發作，而變成憂鬱或焦慮症。

再來就是自信心的建立。不論你在生活中，正面臨或遭遇到什麼樣的挫折，或是難以承擔的壓力時，唯有滿滿的信心，才能激發出肯定自我價值的能量。

古諺說，一枝草一點露，天生我才必有用，而且行行出狀元。因此唯有先自助，才能獲得人助及天助。

當一個人，有了正能量的樂觀態度，加上充滿了無比的自信心，無形中，你的活力來源，就會十分的充沛。這時候，你將變成一名生命的鬥士。不但重新認識自己和愛自己，你也會開始不自覺地關心起周遭的一切。

尤其當你懂得愛屋及烏，人溺己溺的同理心的時候，你不再孤單寂寞，反而是熱愛生命的潛能，會完全的被開發出來。

也因為這種發自於心裡內化的改變，慢慢地你會發現，你的人際關係變好了；你不再是一個自以為是、吹毛求疵、或不盡人情，而有社恐的怪咖。

一旦到了這個階段的你，根本不需要任何的動機，你就會想從小型，或熟悉的生活圈子，開始參加社交活動，並很自然的對陌生人，遞出橄欖枝。

案例：初戀挫敗者

阿賢（化名）四十七歲，是位性格十分內向，且不苟言笑的健身教練，除了專業工作和睡覺外，他是個幾乎不太與人交流與互動的怪咖。

由於早年初戀的挫敗，他一直陷在自卑的心理下，老是走不出來。這使他也失去勇氣再涉及感情上的社交，偏偏找他當健身教練的對象，以女性居多，甚至還有學員因暗戀而不斷地騷擾他。

在這樣的工作環境下，讓他感到非常的困擾，壓力和煩惱。

事實上，他是健身館的大股東之一。三年前他的合夥人因意外去世，而臨終前特別語重心長的交代他，一定要好好的替他照顧妻子小欣（化名）和兒子（小凱）。

阿賢也的確信守諾言，不但扛起經營健身館的責任，轉虧為盈；更是一直默默的照顧小欣和小凱。

去年某一天，阿賢因為公差而意外出了車禍，大腿嚴重骨折必須住院一星期。

一向獨來獨往的他，在這段期間，心理上特別的脆弱，同時也體會到孤單和寂寞的悲哀。幸虧有小欣的細心照顧，才讓他能夠早日康復。

沒想到他出院後，小欣居然提出，希望阿賢能夠陪她到教會做禮拜，因為她相信是她每天虔誠的祈禱，得到了上主的祝福，才能讓阿賢的腳傷恢復得這麼快。

沒想到沒有任何宗教信仰的阿賢，居然第一次踏進教堂，就被教會的詩歌，以及牧師的傳道給感動了。

從此他只要有空，就會去參加教會的活動與聚會，更在牧師的帶領下，走出了他內心積壓已久的困境。

最後阿賢和小欣，開心的在牧師的見證和教友們的祝福下，結婚了。

案例：暮年的情與義

林阿姨（化名）五十八歲，單身的資深看護。

由於林阿姨在年輕的時候，曾經遭受到火災的傷害，導致她的右臉上，留下了一塊疤痕。

由於面積不小，常常會引來他人好奇的側目，因此林阿姨從不喜歡面對人群，更不喜歡參加任何團體的活動，最害怕的就是照相，甚至她的房間裡沒有一面鏡子。

林阿姨在一家養老院當看護，她照顧的是位八十歲，中風的鍾老先生。他們夫妻一起住進養老院，但老太太在好幾年前就先走一步了，他們的兩個兒子都已結婚成家立業，且經濟都很優渥。

由於長年定居在國外，幾乎很少回來探望父母，尤其在鍾老太太走後，除了每年的聖誕節，照舊收到一張卡片，裡面夾著一張支票外，連通電話也沒有。對鍾老先生來說，年紀愈來愈老，而兒子們的長相也愈來愈模糊了。

養老院也是一個群聚的團體，有人的地方就會有彼此間的攀比與話題。

平日也就罷了，但每當週末或假日，當鍾老先生看到左右鄰舍或對面的住房，都有兒女及家人來探視，且充滿了熱鬧和歡樂聲時，頓時感到特別的孤獨與落寞，好像自己真的被遺棄了。

他曾經企圖結束生命。

林阿姨自從接下看護鍾老先生的責任，又從院長的故事中了解真實的狀況後，原本極不喜歡與人互動，尤其是出現在公共的場所的林阿姨，竟大發慈悲，一改往日作風。

在徵得院長的默許後，每當週末或假日，她就會跟鍾老先生商量，她打算帶他到哪裡去看風景和吃美食，她並雇用了一位有口碑的專業司機來載他們。

林阿姨的善良和智慧，把一位垂死的老人，由無望的深淵，重新帶回了人間。鍾老先生雖然是中風而行動不便，但還是無法掩飾他依然有人陪伴一起出遊的快樂，就算再困難，他也要比手畫腳的跟其他人分享炫耀。

鍾老先生於八十二歲去世，那天竟剛好是林阿姨的六十歲生日。結束了這一段有情有義的雇主生涯，打算離開養老院前，院長請她到辦公室。

他遞給了她，鍾老先生生前，特別交代的一包東西和一封信。鍾老先生把積蓄的十萬美金存款，在院長的見證下，全部轉入林阿姨的個人帳戶。

他老人家給林阿姨的信上寫著：

妳不要太在意你的臉，那只是一張沒有任何意義的皮，最珍貴也最難能可貴的是，你有一顆既美麗又善良的心。哪天找到真正愛你的人，這十萬美金，就當作是我送給妳的嫁妝。深深的祝福妳。

照顧好自己的需求和感受，找到適合自己的方式，來建立和維持人際關係，最終才能夠找到適合你的伴侶。

我們都是接不上線的怪胎

——保持真實的特質，不要為了迎合他人而改變自己。

在高科技引領下的現代社會，半導體產業不但是台灣的護國神山，甚至是世界看見台灣很重要的因素之一。因此能夠進入此產業發展，已經成了很多大學理工科畢業生的願望，不但工作前景高，而且薪水佳，對於婚姻生活更有保障。

但大家卻忽略了，天下沒有白吃的午餐。以半導體產業為例，雖然薪水高福利好，但相對的，工作量重、責任及壓力也大。

加上，很多工程師的個性較為內向且不善經營人際關係，因此為了能夠維持工作環境上的競爭能力，以及把握升遷機會，幾乎都會把時間和生活重心投注在自己的工作和事業上。

白天準時上班，而晚上下班後回到家裡，便只想給自己透支的體力放輕鬆。於是不用再花精神或金錢的娛樂方法，就是上網找人瞎扯淡，或者玩電玩。

日復一日的，在這種單身貴族的心態下，過著自由自在，而且只需要為自己負責任的生活方式，悄悄的變成了一種既固定又習慣的不婚模式，卻不自覺。

即使假日，公司特意安排了單身派對，郊遊或聯誼等的活動。除非是公司有硬性規定必須參加，或不想拂了上司的美意，否則多數的單身或不婚族們，參加及配合的意願並不高。

通常基於一回二回熟的基礎上，雖然也能夠造就幾對的戀人或情侶，但對於整體的上班族而言，還是希望避免不必要的尷尬場面或事件的發生，因此寧可選擇好兔不吃窩邊草的原則，而不希望自己的感情世界，受到過多的矚目與干預。

如此一來，無形中蹉跎婚姻的單身不婚族，其數目也就更多了。而偏偏這種現象，不僅只發生在高科技產業，其實各行各業的專業人士，都面臨到這種現實危機的衝擊。

因此如果你感覺自己是一個與眾不同的人，或是與傳統的觀念不太相符者，那麼要找到合適的伴侶，可能會更具挑戰性。

然而，這並不意味著你就找不到你要的人。事實上有時候，與眾不同的人更容易找到彼此，因為他們能夠有更好的理解力，來欣賞對方的獨特之處。

如果在別人的眼中，你是一個「怪胎」的話，顯然很可能你的特質是你與他人建立聯繫的一個障礙。但同時也有可能，會吸引到的人，是真心看到你的獨特之處，並且欣賞你的不同。

多少偉大的發明家或成功人士，在他們還沒有成就以前，經常都被當作是怪胎。其中就包括了愛因斯坦和賈伯斯等人。

尤其一旦被貼上怪胎的標籤後，往往會非常在意別人投來的異樣眼光，或揶揄的言語暴力，因此也會因為敏感的自責，而開始討厭起自己，甚至因為自卑感而選擇遠離人群。

事實上，有時候人們所謂的怪胎，指的只是你的想法或做法有異於常人之處，而在短時間內無法取得普遍的理解或認同罷了。這並不代表對你人格的抹煞，更不會嚴重到能剝奪你在社會生存的權利。

因此就算你是一位與眾不同的人，仍然可以找到與你擁有共同興趣和價值觀的人。

不妨放寬心，用比較幽默的態度，來回應並釋放，人們視你為怪胎的壓抑情緒。

多參與興趣相關的活動，加入社交團體，這將是有助於擴大你的社交圈子，同時可增加遇到合適人選，並幫助你找到 Mr. 或 Ms. right 的好機會。

最重要的是，保持真實的特質，不要為了迎合他人而改變自己。

展示你的真實個性和興趣，才是幫助你吸引到真正欣賞你的人的關鍵。而不是那些只是看重你的外表或社經地位的人。

Part 3

不婚族的身後事

無論生前或死後，我的事我做主

——有計畫性的理財對不婚族而言，是個關係到生活品質以及生存條件的議題，不能不重視。

不婚族似乎只要有一份長期且穩定的工作，就可以讓自己一個人活在當下。

但即使是不結婚，也只是減少了因婚姻對象，以及子女教育等問題，帶來的各種家庭的壓力罷了。並不表示一個人要活下去，就可以輕鬆的忽視，或不用考慮生活上方方面面的需求，以及各種意外壓力的出現。

我認識不少的不婚族，他們都是在年輕時就未雨綢繆，且相當有計劃性的在理財。

最普遍也比較保守的投資方式，就是會優先選擇買房，好給自己留一個自由自在的窩。

有些目前還與家人同住的不婚族，甚至會將購屋出租，再利用租金來分攤房貸。

也有不婚族則選擇長期投資股票，獨資或與人合夥經營企業的各種模式。

其實在理財的背後，還牽涉到一個很現實的理由，那就是不婚族們會擔心將來老了，如果還繼續在租房子的話，恐怕會因為高齡而被房東拒絕。

到時候，原生家庭已經回不去，而手足間也不可能長期收留，可能會讓自己陷入無處可歸的冏境。

總之，有計劃性的理財對不婚族而言，是個關係到生活品質以及生存條件的議題，不能不重視。

至於現在有不少年長的不婚族，提議結合一些好朋友，共同到鄉下購屋或租屋，變成自營的小型的養老院。

雖然立意甚好但實際困難重重。人際關係淺碟的社交容易，但深入的相處難上加難，到最後恐怕連朋友都做不成。但不論如何，一定要保住老本，才能應付萬一發生意外時，能有承擔後果的資本。

當然不婚族要養成定期健康檢查，整理聯絡的網絡，以及預立遺囑與醫療指示的相關事宜，更是不在話下。因為唯有身心健全地活在當下，才能夠活出真正的自信與優雅。

至於單身的不婚族，在高齡面對死亡的課題時，比起結婚有家庭的人而言，更可能會因孤獨無助而陷入恐慌的狀態。因此不妨趁年輕的時候，認真的去探討生命的意義，與學習如何坦然面對。

我就認識了好幾位年長的不婚族，他們從年輕就對哲學，玄學甚至宗教學產生很大的興趣，並投入其中。尤其到了晚年，他們其中居然有人到神學院讀書並當上牧師，也有的則加入廟宇當了頌經團的資深師姊。不失為一種安頓身心的歸處。

我與父母其中一方先過世，該怎麼辦？

——生死總在一瞬間。必要時，可以預先找專業三師（心理醫師、律師、禮儀師），將你們的擔憂，顧忌或需求，分別跟他們諮商討教。

關於這個議題，其實就是目前少子化和高齡化的社會現象所帶來的後遺症，同時也是大時代背景所演化的關係。

以前農業時代，人力資源就是生產力的關鍵。因此一般的家庭生七、八個孩子，算是很普遍的情形，而且除了重男輕女外，父權擴張下的妻妾成群，反而成為增產報國的謬論。

增產或減產都是國家政策

人類在歷經了第一次（一九一四—一九一八）及第二次（一九三九—一九四五）的世界大戰。戰爭付出的代價，就是家園破碎、顛沛流離、重建工作的困難、經濟的大蕭條、以及糧食嚴重短缺的危機。直到一九六〇年代到二十世紀，三次工業革命的興起，機器替代了人工的效率，從此改變了全世界的生活形態。為了響應聯合國的人口節育主張，台灣在一九七一年宣布施行節育政策，文宣的廣告是「一個孩子不算少，兩個孩子恰恰好」。

當時人口五．五億的印度，政府採用了一張鼓吹節育的海報，上面印有兩張對比的圖片。

一張是印度的父母親，愁眉苦臉的圍著一群嗷嗷待哺的孩子。

而另一張則是一對美國的父母親，懷裡抱著兩個孩子，露出幸福的笑容。

針對這一張海報，民調的結果出乎意料的諷刺。大部分印度人的反應，竟然不是覺得需要節育，反而認為美國人太可憐了，那麼有錢卻只有兩個小孩！

中國共產黨則在一九七九年開始實施一胎化政策，由於民智未開，導致女嬰被棄殺的情況比比皆是。

儘管二〇一六年，中國政府已經開放二胎，甚至鼓勵三胎的政策，但卅年來嚴厲執行的少子化政策，無形之中，在實質生活上造成了男多女少的比例差異，也造成農村男子普遍娶不到老婆的情形。

而年輕世代的獨生子女，在經濟獨立且事業有成的情況下，加上有原生家庭，父母親的照顧和支持，除非找到對的人，否則結不結婚，似乎已經不是人生最重要的課題了。

所有為人父母者，一生的努力和付出，都是為了子女的幸福著想，因此最擔心的也莫過於，如果他們先撒手人寰的話，獨生子女在無兄弟姊妹的相互照應下，孤零零的將怎麼生存下去？

同樣的，尤其是單親的小孩，從小就和父母親相依為命的獨生子女。原生家庭的親情對他們而言，可以說是一生剪不斷的臍帶。而長大成人後，反饋和照顧父母親，更是唯一不可懈怠的責任。

案例：父母的寶，難以找到另一半

小梅（化名）四十一歲，是位線上英文老師。

由於她的父母親晚婚才生下她，所以父親今年去世的時候，已經八十七歲了，而如今她與七十九歲的母親一同生活。

從小母親對她的照顧，可說是無微不至，而父親晚年得子，簡直就是把她當成掌上明珠，疼愛得不得了。

因此儘管她到了適婚的年齡，開始有人追求外，她也會透過網路平台，結識並交往異性的朋友，等到她年紀稍長，已經過了適婚年齡，更曾經透過相親的機構，安排認識結婚的對象。

但問題出在她與男友交往的過程中，總是會處處拿父親來做比較。其中有位男朋友是她很喜歡的對象。可是她卻嫌棄對方太有主見，既不像父親凡事都會順著她，又不夠貼心。

比如，她希望男朋友可以在下班後開車來接她，但對方卻直接以不順路、又塞車的理由拒絕。相形之下，她年邁的父親，幾乎是全年無休，都會準時在離家最近的公車站，等著接她一起回家的用心，簡直是不可同日而語。

曾經，就有位男朋友在分手前，嚴肅的告訴她，她不僅是媽寶更是爸寶。而且她忽略了，父母和夫妻之間的感情是不一樣的，而彼此關係的邊界也應該有不同的分寸。

對方還幽默地告訴她，縱使有一天她的父親去世了，她也會很難找到意中人，因為愛情再偉大，也沒有人願意老是跟死去的人做比較。

才辦完父親喪禮的半年內，身心俱疲的小梅，在每年的體檢中，她意外的被檢查出得了肺癌二期，醫生的宣布讓她震驚不已，無法相信這是事實。

因為她從來不吸煙，在家裡也幾乎遠庖廚，上代更沒有遺傳基因的病史。

由於父母親生前的感情相當恩愛，以至於晚年喪偶的母親，還一直沉浸在悲傷中無法自拔，因此她也不敢把這個消息告訴母親。

除了對父親的無限緬懷外，母親更經常邊說邊流淚的感傷著，總是擔心着，如果哪一天，她也隨丈夫離開人世間的話，只留下小梅孤單一個人，到時候該怎麼辦？

雖然醫生樂觀的告訴小梅，由於她的病情發現得早，只要配合專業治療，完全復原的機會還是相當大的。

可是小梅現在擔心的已經不是自己的病情，所謂「棺材裝死不裝老」，萬一先走的不是母親而是自己的話，對於已經開始有帕金森症狀的母親，到時要叫誰來照顧？甚至她的後事又能託誰出面來幫忙？

像以上小梅的案例，對於沒有其他兄弟姐妹的獨生子女而言，的確需要有未雨綢繆的必要性。建議，最好是趁父母還健在的時候，就開始要對彼此之間的生、老、病、死等問題，開誠布公地討論並預作規劃。

必要時，可以預先找專業三師（心理醫師、律師、禮儀師），並將你們的擔憂，顧忌或需求，分別跟他們諮商討教。生死總在一瞬間，免得到時不是措手不及，就是一片混亂，甚至崩潰的地步。

案例：自小單親，放棄婚姻奉養母親

廿多年前我曾接到一封求助的信件，對方是一位選擇終生單身，而年齡已屆六十七歲的男士。

自從他在醫院得知，自己的肝癌已經到了末期後，透過我主持的電台節目，他由線上 call-in，原來他是我的超粉，希望在有限的歲月裡，能夠有機會和我見上一面。

他在電話中告訴我，他從小就是個單親，既不曉得父親是誰，也沒有任何關於父親的長相記憶。

他是由母親辛苦打零工將他養大的。為了避免在學校遭受歧視和霸凌，所以從小就養成十分內向又孤僻的性格。

即使出了社會，也由於自卑感的作祟，使他除了母親之外，幾乎沒有什麼朋友。

加上工作收入不高，又要照顧母親，所以完全不敢奢望交女朋友、談戀愛、或結婚的事。

對他而言，來到這世界似是多餘的，只要能夠盡孝侍奉母親，也就別無所求了。

我安慰他，不論如何還是要珍惜活著的每一天，絕對不能放棄希望，除了配合醫生的治療外，一定要鼓勵自己振作起來，病毒最怕的就是患者求生的意志力。

我問他還有什麼最想做的事情？他告訴我，有生之年希望能夠到橫貫公路走一趟。

於是在我的安排下，找了一對會開車的義工夫妻檔，趁他還有元氣的時候，載他到花東旅遊了四天，而沿途的過程他都十分的享受與開心。

大概過了九個多月，他就離世了。臨終前，他還刻意拜託載他旅遊的義工朋友，把五萬元的遺產，如數捐給我們財團法人國際單親兒童文教基金會。令人惋惜的是，這將是一張無法寄達的收據。

其實不只是不婚族，包括已經結婚或是兒女成群者，對於自己老來的生活保障，最好從中年就要開始規劃，而安全性的儲蓄與投資更是必要的財務管理。

死生有命，富貴在天，時也、運也、命也！活著的時候，只要能夠扮演好自己的角色，並把遺憾降到最小，也就不枉費來到人世走一回。

我會不會孤獨死

——生命的輪迴，有生就有死，誰也不例外。

我自己的二弟，前農民銀行董事長，在他六十九歲那一年的某一天，在洗澡的時候，不慎滑倒在浴室間。直到警察上門，找到我去認屍時，才發現竟然死亡多時，身體都已經呈現屍斑了。

由於其妻子與兒子都長期定居國外，雖然每年都有往返，但總是鞭長莫及。

我舉這個例子，主要是要提醒孤獨老人的安全問題，同時也是要安慰不婚族，意外的死亡絕對不只是針對某個族群，而是人人都應有自危與自覺的必要性。

而對於選擇單身不結婚的族群，基本上除了經濟較自由外，加上沒有家庭和子女的各種負擔，因此在生活的心態上，會顯得比較輕鬆自在。

我早年曾經認識一位名模，不但人長得漂亮，身材好個性又爽朗。除了工作外，她的生活可以用極其奢華來形容。加上她是不婚族，索性公開用雙性戀來調侃自己，因此她身邊的男女朋友關係顯得特別複雜。

我曾經苦口婆心的提醒她不要樂極生悲，叮嚀千萬不要因為恣情縱慾而得了愛滋病。很幸運地她躲過了愛滋病，但最終卻因為感情而遭到意外的情殺。

案例：預立遺囑，分配好遺產繼承

小林（化名）五十五歲，與大哥兩兄弟合夥做生意。他們是傳統產業，市場以中國為主，小林在台灣負責工廠的生產線，而業務的推廣則由大哥負責。

一直主張不婚的他，在四十五歲的那年，因為大哥的健康出了問題必須退居幕後，因此改由小林派駐中國。

而在這段新環境的適應與磨合期間，由於工作上的需要，加上近水樓台先得月的情況下，小林居然與一名中國女子小童（化名）陷入熱戀，並進而同居生活。

小童是位單親媽媽，有一個八歲的兒子，前夫不但對她施暴，更因其他罪狀判刑入獄。

小林坦誠的告訴小童，由於她的前夫遲早會出獄，因此他不會跟她結婚，但他允諾會照顧她們母子的生活，直到她的兒子成年為止。

如果萬一在這段同居期間，他遭遇意外或病亡的話，他會先立好遺囑，把公司應給付的撫恤金或退休金全部都留給她，但他公司持有的股份，則將贈與台灣的姪子。

人活在世上，每天都要面對有形和無形的壓力，以及未知和預知的恐懼。你不知道什麼時候地震或海嘯要來，但你可以預知，年終獎金拿不拿得到。

所謂人無遠慮必有近憂，因此為了防範未來，最好能夠做好準備，但也不需要過度的擔憂或焦慮，搞得整天自己嚇自己。

樂觀的人看到的是機會

有台灣的中小企業要到非洲發展鞋業的業務。樂觀的人，想像只要每一個人買一雙鞋，他們就發財了。

但悲觀的人，則開始擔心，非洲人那麼窮，哪有錢買鞋？

依此類推，我有兩位不婚族的老朋友，在談到關於死亡這件事時。樂觀者的回答是，我不知道我什麼時候會死，因此我會先做生前告別式。開心的和朋友一一做告別，然後什麼時候死和怎麼個死法就與我無關了。

而悲觀者的回答則是，他不敢去想像死亡這件事。他唯一能夠做的就是，趕快儲蓄購買各種保險，至少令自己可以死得安心，也不用去麻煩別人。

生命的輪迴，有生就有死，誰也不例外，因此不婚族不妨多花些心思在這些議題上面，也是有必要性。因為結婚或是有子女的家庭，對於死亡這件事情，在心理上總是會比較踏實，甚至還有些耍賴的情懷，因為好歹終會有人出面處理，不至於變成一具無名屍的情況。

但即使最終成了無名屍又如何？

屆時警察局、社會局和殯儀館也是會出面來幫忙處理，因為這也是屬於台灣社會福利的範疇，不至於到了死後都沒有落腳處。

只是死亡的儀式感，到底還是關係到個人的尊嚴問題，因此對於不婚族們，還是應該要有自己的打算。有好幾個不婚族的好朋友，自從有手機後，他們就養成在群組上，彼此每天問候的習慣，不是太無聊，而是知道彼此還活著的一種連繫。這是一個非常好的做法，不但不覺得孤單，至少也比較安心，如果萬一發生什麼，有彼此可以互相照應。

你需要「同居協議」

——雖然沒有婚姻證書，亦可以通過簽訂「同居協議」來確保雙方的權益。

我們先來談一下有關於婚姻證書的意義。大原則可分為法律的保障和社會的認同。

結婚證書在法律上提供了一些保障，例如，財產共有、繼承權、醫療決策權等。當然這些保障，也不一定能夠直接轉化為幸福感。

同樣的，在一些文化中，婚姻被視為是一種社會的認同，象徵著穩定和成熟。但隨著社會觀念的改變，有越來越多的人，開始重視個人的感受和需求，而非只是單純的社會認同。

無論有無婚姻、孩子，法律還是要懂

的確，現代社會選擇不婚而同居，並且過著充實且滿足的生活，這樣的人數還真的不少，尤其像歐盟這些比較先進和開放的國家，都已經蔚為風潮。

他們認為每個人，都有自己對幸福的定義和追求。而愛情的核心，是兩個人之間的情感聯繫、理解和支持。並不是僅僅倚靠一張證書，來尋找安全感或要求對彼此之間的任何保障。

而且婚姻證書只是法律上的一種形式，並不能增減愛情的深度。而婚姻或戀愛關係的質量，還是遠比婚姻形式的本身來得更重要。

而且選擇同居而不結婚是種自主的決定，也反映了對彼此關係的信任，以及對個人生活方式的尊重。唯有彼此建立在共同目標和價值上的關係，才更能持久。並確保對於生活的期望和追求是一致的。

但儘管如此，還是會牽涉到金錢與財務的管理。無論是否結婚，共同生活都需要制定財務計畫。當然包括了共同分擔的生活費用、儲蓄的計劃還有未來的投資。

尤其在金錢觀上，要保持透明和開放的溝通，並確保雙方對財務狀況有所了解和一致的目標，這一點，往往立意良善但未必真正做得到。

所以在同居方面的協議，就變成了重要的關鍵。雖然沒有婚姻證書，但可以通過簽訂「同居協議」來確保雙方的權益。尤其在遺產的規劃上，更必須明確彼此的繼承權，以避免將來可能出現的法律糾紛。

在此我特別要感謝「恩典法律事務所」的蘇家宏大律師。除了他出色的專業領域外，在家庭方面他也是個孝子，好丈夫和好父親。對於社會的關懷是數十年如一日，尤其在宗教信仰上的虔誠，使他獲得幸福的恩典滿滿。

以下是他在百忙中，特別抽空親自執筆，包括「不婚不生族的財富危機」，「頂客族的夫妻遺產」以及「罹癌單親媽媽的牽掛」三大面向的法律知識。並且用實際的案例作分析，深入淺出，真的是受益良多。

除了蘇律師外，同為特別關心女權的大成台灣律師事務所合夥人李怡貞律師乃我忘年之交，又是長期贊助公益的美女，對於單身女性，她特別提醒大家相關的法律常識以供參考。

專欄

給單身者的遺產規劃建議

蘇家宏律師（恩典法律事務所所長）

案例一、不婚不生族的財富危機

有個三代同堂的一家人，他們的父母因為土地都更，分到了一棟大樓中的一層樓。

第二代的哥哥已經結婚，有了漂亮的老婆和兩個活潑的兒子。妹妹則因為嚮往單身生活，就和父母、兄嫂一家人住在一起。

大家和樂融融，生活過得很愉快，每星期天都會先去教會做完禮拜後，家族利用聚餐聯絡感情。從來不會為了生活的大小事情發生爭執，因為妹妹沒有結婚和小孩，所以做姑姑的當然對姪子們特別疼惜。

她覺得雖然沒有結婚，但只要一家人能夠平安的生活在一起，對她而言就是最幸福的人生了。

但天下無不散的宴席，長輩們日漸因年邁，身體健康衰退而相繼過世，姪子們也漸漸地長大成人。

而這位單身的妹妹，因為經營事業有成賺了不少錢，也在父母過世後繼承了他們的遺產。

她心想既然自己是單身，沒有結婚也沒有小孩，如果父母和哥哥都不在了，這間充滿家人回憶的房子，還有自己名下的財產，將來自己過世後，法律上必定會直接給家族第三代，對她十分孝順的姪子們繼承吧？

其實人過世之後，依照法律的規定，財產不會自動給你心中所愛的人，而是由「法律繼承人」繼承。

法定的繼承人有五種：配偶、直系血親卑親屬、父母、兄弟姐妹及祖父母。

不婚不生的單身貴族繼承人，因為少了配偶及直系血親卑親屬兩者，所以留下來的遺產就會由以下順位來繼承：一、父母，二、兄弟姐妹，三、祖父母。

所以這位妹妹認為自己的家人都已過世，自己也沒有小孩，最親的就是哥哥的小孩，但這是不正確的法律觀念。

因為姪子、姪女、外甥、外甥女以及他們的子孫，按照前述的法律規定「不是」法律規定的繼承人。

也許有人會說，不是有代位繼承嗎？哥哥的小孩不是可以代位哥哥繼承妹妹的遺產嗎？這也是不正確的法律觀念。

因為法律上的「代位繼承」只限於直系血親卑親屬（第一順位繼承人）才可以代位繼承。

舉例，小明的父親比祖父先過世，而等祖父過世後，他的遺產就由其子女繼承，但其中一個兒子（小明的父親）已經不在世了，所以小明父親原先可以繼承祖父遺產的部分，就有小明「代位繼承」。

這種單身不婚不生又沒有其他法定繼承人的情形，在法律上就叫做「無人繼承」，最後將交給中華民國國庫充公。

以二〇二三年為例，無人繼承遺產的案件有五十五件，金額高達四億五千八百多萬元，其中單筆最大的金額甚至有近三億元充公。

雖然納入國庫對於國家財政很有幫助，然而現在有越來越多的單身貴族，希望透過合法的方式，將累積的財富傳遞給心中真正所愛的人，因此一定要提前做規劃。

建議：**一定要「預立遺囑」，也建議預留遺產稅源、安排值得信賴保管遺囑的人以及專業遺囑執行人。**

比方說案例中的妹妹，就可以立遺囑明確的指定，要將房子所有權持分遺贈給姪子，讓家族的回憶代代相傳給第三代。也可以在遺囑中規劃遺贈現金給大姪子、股票給小姪子、黃金首飾給嫂嫂，對家人表達在自己邁入年老後用心照料的感謝。

她也可以選擇將自己畢生努力累積的財產，遺贈給所屬的教會或其他公益團體，讓自己的愛不單只流傳於家族，更能在世界上將小愛轉化成大愛，讓幸福流傳遍地。

如此一來，立遺囑，不是讓自己的人生變得更有意義與價值嗎？

案例二、頂客族的夫妻遺產

一對夫妻，雖然因為雙方家庭背景懸殊，結婚時深受老人家的反對，但最後仍排除萬難而結婚了。

雖然一直沒有生養小孩，但兩人過著十分甜蜜的生活，而且婚後不久就在信義區購得一棟價值七千萬的豪宅。

沒想到幸福的日子總是相對短暫，老公有一天與友人餐敘時，突發心肌梗塞而不治身亡。

老婆在老公過世後一直非常傷心，他住在兩人共同居住的房子裡，回憶與老公甜蜜的過往。

沒想到一年後，她竟然收到法院來函，原來是老公的哥哥、姊姊提告，主張要分割遺產，並要求她繳交住在那棟房子的租金。

隨著頂客族群的擴增，很多人會來事務所諮詢「頂客族」身後的遺產規劃，才發現丈夫過世後，丈夫的遺產竟然不是太太獨得，而是跟其他法定繼承人共同繼承。

像前面的這個案例，老公驟然離世，依照民法規定在夫妻沒有子女，而且公公婆婆也不在的情況下，先不論夫妻財產制的計算，就是由太太及丈夫的兄姐共三人繼承丈夫的遺產。

若是丈夫沒有立下遺囑，配偶僅能得到遺產的二分之一。如果過世一方的家人中只剩下手足，那麼兄姊則可共同分得二分之一的遺產。許多人會抗議與不服氣，平時根本沒有連絡，對方的手足竟然還可以拿走一半的遺產？

沒錯！這就是法律的規定，因此特別建議頂客族一定要提早好好規劃自己的財產，可以超前部署的方式如下：

一、預立遺囑：

在法律有「特留分」的規定下，貌似難以將遺產「全部」留給配偶。但特留分的規定，其實是一種「扣減權」，也就是立遺囑人生前所預立的遺囑，雖牴觸法律特留分的規定，但依照遺囑執行後，其他繼承人如果沒有對太太主張扣減權，其實還是能夠依照立遺囑人的想法，讓配偶拿到全部的遺產。

二、**喪失繼承權：**

依照民法的規定，若老公的兄姐過去對於老公有重大虐待或侮辱的情事，比方說老公過去為了和老婆結婚而和家裡起衝突，哥哥和姊姊拿起家裡的哈利波特精裝版砸向老公。

老公還有去醫院驗傷的紀錄，老公在遺囑中明確表達他們不能繼承老公的遺產，這樣兄姐將會因此喪失對老公遺產的繼承權。

三、「**生前贈與**」：

透過降低自己遺產淨值的方式，讓心愛的配偶可以拿到絕大多數自己一生累積的財富，比方說案例中的老公，如果在生前就將房子登記在太太名下，讓自己的財產趨於零，如此一來，即便老公過世後，手足想要跟太太爭產，也沒有遺產可以爭奪。

四、信託：

對於頂客族的太太而言，其實丈夫過世後，還能住在兩人過去一起住過的房子，遠遠大於實際取得房子所有權的意義，因此可以透過信託的方式，讓太太取得不動產的使用收益權。

例如可以將房子信託。信託目的是保障太太居住生活的權利，指定太太擁有房子五十年的使用收益權，不得轉售，讓太太得以住在裡面安享天年。

同時老公也可以透過遺囑將現金給太太，待太太去世後，房子的所有權再歸於其他繼承人所有。

如此一來太太的生活可以獲得最大的保障，其他繼承人亦能夠得到相當的遺產。

許多人覺得自己還年輕不會發生什麼意外，認為立遺囑、財產規劃都離他很遙遠，但是人生在世，我們永遠不知道什麼時候，會有突如其來的意外。

案例三、罹癌單親媽媽的牽掛

一位單親媽媽在我演講後提問。她表明自己罹患乳癌第三期，前夫雖然愛小孩，但過去因為在中國工作又外遇，兩人爭執多年後就離婚，由他獨自撫養唯一的兒子。

兒子現在才剛讀國小，她希望能在最短的時間將自己名下的財產規劃安排好，萬一自己人生畢業了，不希望辛苦累積的財產最後流落到前夫的身上，只希望讓小孩可以善用她留下的財產好好長大成人。

台灣近年，結婚未滿五年離婚比例竟高達三四．二八%。也就是每三對伴侶，就有超過一對以上，在結婚後五年內走上離婚。而在離婚率居高不下的現在，離婚的單親家庭，對於財產的規劃就更加重要了。

首先，未成年孩子名下財產的動用是由「法定代理人」所決定的。一旦媽媽去世後，孩子的親權原則上會由爸爸行使負擔，由爸爸擔任孩子的法定代理人。所以他可以帶走孩子，並代表小孩行使權利，除非經過法院改訂監護權。

所以重點就放在單親媽媽該怎麼安排，才能讓遺產代表媽媽好好的守護兒子呢？我提出幾點建議：

1. 媽媽一定要繼續勇敢地進行治療，為了自己與兒子活著，好好享受天倫之樂，過一天就贏一天，最好活到兒子長大成年，自己親手將財產交給他管理。

2. 預立遺囑，並指定專業可靠的遺囑執行人：

預立遺囑中清楚的載明，為了妥善管理遺產照顧未成年子女，要將自己所有的遺產，包括師大附中學區的房子、現金，在過世後都交由受託人來進行信託管理，信託期間自遺囑生效到兒子二十五歲止，年幼的兒子則為受益人。

辦理信託過戶手續，如此一來，房產登記名義在受託人名下，但實際上房產的完整受益人為兒子所有。

此外遺囑可明確寫下，房子由兒子居住使用，不能任意買賣，才能讓房子能夠得到妥善的利用。受託人也不能任意變賣信託房屋，兒子才能夠按照她生前的規劃去上好的學校。而受託人在兒子二十五歲時，必須依遺囑信託內容將房子登記到兒子的名下。

屆時兒子已經有一定的社會歷練，也能決定自己該如何使用、規劃房產，另外的現金也可以由受託人每個月提撥三萬元匯至兒子的銀行帳戶，當作兒子的生活費。

如果兒子將來有出國讀書或是學習才藝的規劃，也可以預先設計特定條款，讓兒子在特定狀況發生時，可以額外提領現金使用。

如果媽媽還是擔心受託人無法遵守自己的遺囑，建議任選可信任的信託監察人多一道保障。

一般而言，可以指定信賴的律師、家人或社福單位，擔任信託監察人，落實立遺囑人的遺願。

3.可選擇在生前就將房子交付信託，並立下遺囑。

媽媽也可以在生前就將房子交付信託廿年，信託目的是為了讓自己的兒子平安居住，信託期間給自己及子女使用收益，在廿年後再將房子轉移給兒子。

另外也可以將現金兩百萬交付給信託，受益人為兒子，等到兒子十八歲時，每個月匯五萬元給兒子，同時也可立下遺囑，感謝在生病時照顧自己的親友，將一部分財產遺贈給他們，其他的財產則由兒子繼承。

這種生前信託的方式，牽涉到贈與稅、土地增值稅……等稅賦問題。宜先行計算或委託專業人士規劃後執行才不至於顧此失彼。

最後，媽媽如能下定決心選擇一種適合自己的方式，未來的受託人依照媽媽設置的規則去運用財產，等同於將媽媽的大愛遺留於人間，不只有有形的財富傳承，無形的愛亦永留於世上繼續照顧子女。

專欄

單身／未婚者的相關法律問題疑義

李怡貞律師（大成台灣律師事務所合夥人）

關於未婚買房，所有權登記部分，倘若情侶雙方都有出資，為能保障雙方權益，建議登記在**兩人共同名下**。最好註明清楚兩人各自的出資比例，可以要求代書在建物及土地所有人登記時載明分別持分比例。而且建物及土地謄本是分別依照兩人的持分比例來各自持有，可以委請律師撰擬契約敘明雙方出資比例，保留房產的金流往來證據，舉證各自負擔的款項與金流。避免日後分手為了房子產生糾紛。

此外其他像：

1. 如果在交往過程中，其中一方沒有告知就偷偷將房子賣掉怎麼辦？

講白話就是，過去倘若持份比例高的一方偷偷將房子賣掉且辦妥登記後才發現，自得依侵權行為之法則請求出賣之共有人負損害賠償責任

實務上要用「侵權行為」來請求賠償，向法官說明因為對方偷賣房導致自己受到什麼損害，損害的數額是多少，進而請求賠償，並不容易。所以受害者常常欲哭無淚；最新的法條也已經修訂修正，規定通知時，應以雙掛號或存證信函送達戶籍地址，除非他共有人客觀已無法送達（如

已遷出國外、無於國內設戶籍或戶籍、住居所均無法送達），才能以公告方式替代。

2.如果男友/女友/伴侶要求買房作保怎麼辦？

除非借款人為以下四種情況之一，才需要另外找一個保證人來擔保：

▪薪資條件不足

▪年齡過高

▪過去有信用不良的紀錄

▪擔保品（房產）非本人持有

老話一句，人呆才作保，不管有沒有婚姻關係，建議都不要輕易為另一半作保。

我的建議依然是，如果沒有婚姻關係，請不要一起買房，各自買房才是最好的選項，畢竟情侶買房登記二人的「壞處」可能多於好處；除了須考慮的風險就是一方會都失去首購優惠資格以及未來要贈與給某方時會有稅務損失外，還包括以下：

- 雙方的土地增值優惠稅率。
- 地價稅自用住宅稅率需個別申請。

房子的所有處分管理都要兩人同意或是未來要贈與給某方時會有稅務損失，未來房子不管是處理貸款、出租、出售，任何事情都需要兩人簽名同意。其實如果擔心只登記其中一人，自己的權益不被保障，可以另立一份「合資購屋協議書」並且公證。

當然也有人會選擇以簽訂借名登記契約或是信託管理的方式，都是各有利弊。

情侶共同買房，真的還是需要多加考慮清楚再進行，婚前還是保有各自的財產比較不容易有衍生的糾紛。

關於未婚生子／送養的相關法律疑義

最近年輕人越來越不願意踏入婚姻，而未婚懷孕生子的相關疑義，以及未成年子女親權行使相關爭議說明如下：

1.未婚生子後孩子是誰的，生父也不知去向，自己也無法照顧孩子，可不可以將孩子給親朋好友收養？

簡言之，就是將一個原本不是屬於你小孩的人，可以透過收養制度，在法律上視為你的小孩。收養其實是一個會牽涉到多方親屬關係變動的法律行為，遑論有時更涉及未成年子女的最佳利益，因此收養程序是一個十分嚴謹且須向法院聲請的法律行為。

收養有哪些條件？

收養者年齡的限制：參照《民法》第一〇七三條：收養者之年齡，應長於被收養者二十歲以上。

收養者與被收養者不得為近親。

若被收養人有配偶時，原則上應得其配偶之同意，子女被收養時原則上應得其本生父母同意。

簡單來說，收養可分為「近親收養」、「繼親收養」及「不具一定親屬關係收養」。

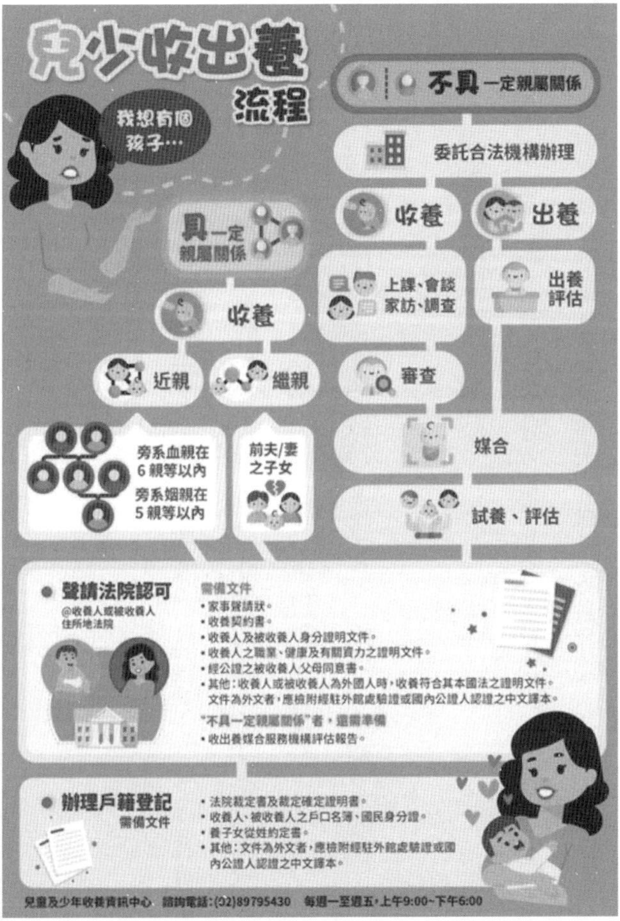

圖片出處：衛生福利部社會及家庭署 兒童及少年收出養流程說明圖

伴侶單方面收養小孩是可以的嗎？

一、關於伴侶收養的小孩：

收養雖不需要伴侶同意，但收養孩子會影響兩人的生活。建議收養前，應先與伴侶討論收養後生活上可能會有的改變，並了解對方對收養的想法，若日後與伴侶結婚，伴侶不會自動成為孩子的養父／母，必須再次辦理收養程序後，伴侶與孩子才會有法律上之親子關係。

二、同志身份：

未結婚的同志可進行單身收養。最常見到的情況是女同志伴侶懷孕生子，而另一方登記結婚後向法院聲請收養其子女。

無婚姻關係但是有生小孩，男女朋友雙方分手後對於所收的孩子需要負擔甚麼責任？

簡單來說未婚單親母親可以向孩子的父親要求的是：

- 認領孩子
- 孩子的扶養費
- 監護權
- 探親／會面交往權
- 孩子的姓氏：要隨爸爸的姓或媽媽的姓，雙方可以約定。

沒有結婚，但我們是長久的伴侶，是事實的婚姻關係，法律給我們什麼保護？

什麼是事實上的夫妻？

我國過去是採取「儀式婚」，自二〇〇八年五月二十三日起則改採「登記婚」，也就是兩個人結婚要去戶政機關登記才具有效力。但為了保障有夫妻之實卻未辦理登記之人法律上的權利，最高法院提出了「事實上夫妻」的法律概念。

所謂「事實上夫妻」與「男女同居關係」不同，前者男女共同生活雖欠缺婚姻要件，但有以發生夫妻身分關係之意思，且對外以夫妻形式經營婚姻共同生活的結合關係。客觀上，存在共同「生活」、「經濟」、「性」等關係。主觀上，雙方必須要有結為夫妻的意思表示。

事實上夫妻雖然就實質層面而言與一般夫妻無異，但因為欠缺正式登記這一個客觀要件，所以事實上夫妻實際上能享有的法律權利仍遠不及一般夫妻關係。

可以為伴侶做醫療決定嗎？

伴侶可以用醫療法上所稱「關係人」的方式來代替做決定，還是要看涉及的具體事項及狀況是什麼而定。

可以在神智清醒時，預先委託他人當自己的醫療委任代理人。在病人「意識不清或無法表達意願」時，醫療委任代理人可以：

替您聽取醫生對病情的說明。

替您簽署侵入性檢查或治療的同意書。

若您有簽署預立醫療決定，在您符合《病人自主權利法》五款臨床條件時，代理人可依據您的預立醫療決定書的內容，代理表達意願及幫您做決定。

事實上夫妻概念的產生，是為了保障長期同居的經濟弱勢伴侶，有其重要性在，但如果過度保護未結婚的事實上夫妻，又可能產生鼓勵大眾不結婚的結果，也可能造成社會問題，不過透過法規的修正以及權益保障知識的推廣，應該就可以獲得改善。

結語

——每個人都有選擇自己生活方式的權力，這是父母也不能代為執行的終極選擇。

由於少子化影響到國家的生育率，導致目前台灣社會仍然普遍對不婚族的決定不予置評。

尤其是家裡的長輩，還是會覺得無法面對親戚朋友的特別關注，同時也無形中增添了不婚族無形的壓力。因此有不少的不婚族，逢年過節的時候，寧可選擇逃避而出國旅遊，也不願意在家裡無端被外來的批判干擾。

事實上，台灣不婚、單身的人口越來越多，一個人生活已經變成了普遍的社會現象。餐飲業甚至開發「獨食」的商機，為單身用餐的顧客創造舒服且愉快的用餐空間。

既然台灣已經列入開發中國家的資優生，尤其自從成為亞洲第一個同婚合法化的國家後，社會的開放與文明的程度，加上人民素養的進步，都令國際讚許。

因此本書只是想為不婚族去汙名化，選擇不婚並不代表犯法或是不孝，而只是走向自己人生抉擇的另一條路。每個人都有選擇自己生活方式的權力，這是父母也不能代為執行的終極選擇。

Ciel —— 黃越綏作品集

我不婚，然後呢？

作　　者　黃越綏
發 行 人　王春申
選書顧問　陳建守、黃國珍
總 編 輯　林碧琪
責任編輯　何珮琪
封面設計　朱疋
內頁設計　朱疋
業　　務　王建棠
資訊行銷　劉艾琳、孫若屏

出版發行　臺灣商務印書館股份有限公司
23141 新北市新店區民權路 108-3 號 5 樓（同門市地址）
電話：（02）8667-3712　傳真：（02）8667-3709
讀者服務專線：0800-056196　郵撥：0000165-1
E-mail：ecptw@cptw.com.tw　網路書店網址：www.cptw.com.tw
Facebook：facebook.com.tw/ecptw

局版北市業字第 993 號
印 刷 廠：中原造像股份有限公司
初版一刷：2024 年 11 月
定　　價：新臺幣 350 元

法律顧問　何一芃律師事務所

國家圖書館出版品預行編目 (CIP) 資料

我不婚，然後呢？：黃越綏給單身世代的人生相談 / 黃越綏著. -- 初版. -- 新北市：臺灣商務印書館股份有限公司, 2024.11

面；　公分. -- (Ciel)

ISBN 978-957-05-3596-9(平裝)
1.CST: 婚姻 2.CST: 兩性關係

544.3　　113015725